若杉ばあちゃんの

今日も明日も身軽な暮らし

医者や薬もご縁なし

若杉友子

まえがき

ばあちゃんは、いま86歳。
京都の中心地で一人暮らしをしています。
シンプルだけど滋味深い食事をつくり、
感謝していただく日々。

月の生活費は5万円もあれば

お釣りが来ます。

節約しているわけじゃないから
毎日が楽しく、心豊か。
今のところ体は元気で、
悩みやストレスはありません。

歳を重ねるほど、
体も心も生活も、
身軽になってきました。

お金や物質にとらわれがないし、
誰かのことを羨ましいと思うこともなく、
ひとり楽しくのん気にあん気に
暮らしているんです。

それを笑う人もいるけど、
ばあちゃんにとっては、
ありがたくてもったいない毎日です。

「これだったら私も年金で生活できる」って喜ぶ人や

まえがき

「もっと教えて」という人もいるけど、
まずはできることからやってみてちょうだいね。

この本は、
これまでに出してきた
食養や野草の本とは違って、
ばあちゃんの日々の暮らしや考え方、
昔の人（母親や近所のおばさんたち）の教えなど
「幸せに生きる智慧」をほんの少し綴りました。

特別な人ができる特別な生活じゃなくて、
誰にでもできる暮らし方。
田舎でも都会でも外国でもできるんよ。

ばあちゃんと静岡や綾部、大分で出会った人は
質素賢約、サバイバル、ハングリーに
生き生きと暮らしています。

私はその人たちからも
エネルギーをもらっているから元気で、

まえがき

人生冥利に尽きます。
人生は楽に生きるのが一番。
好きに生きるのが一番。
善は急げ。
ばあちゃんの生きる智慧が、
少しでも役に立てたら嬉しいです。

２０２４年４月　若杉友子

目次

第1章 ばあちゃんの一人暮らしは快適、万歳

第2章

モノもお金も最小限の、身軽な暮らし

第3章

ばあちゃんは人にも自分にもストレス知らず

第4章

ばあちゃんの食はとってもシンプル

第5章

人生は今日と明日のくり返し

装丁 ———— 後藤美奈子
イラスト —— 小泉由美
写真 ———— ウラタ タカヒデ
執筆協力 —— 秋田稲美
編集 ———— 大石聡子（すばる舎）
編集協力 —— 竹内葉子

Special Thanks
取材協力 —— 若杉典加（NORICA STYLE株式会社）

第1章

ばあちゃんの一人暮らしは快適、万歳

サラッと自由に。喜びが尽きない暮らし方

今どきの言葉で言うと「シェアハウスでの一人暮らし」ばあちゃんはここ数年、古い学生寮みたいなところに住んでいます。昭和の若者が自炊しながら大学に通ってたような建物で、今もいろんな若い人たちが暮らしています。

私の部屋は6畳と3畳ほどの小さな台所。

今はもう、大きな家や、たくさんの物がなくても快適で、シンプルななかで豊かに暮らす生活が楽しいのです。

みんながびっくりして「どんな暮らしをしてるの？　ちゃんとごはん食べ

てるの？」って心配するけど、ばあちゃんは今最高に幸せ。

春は野草がいっぱい。摘んで食べるからお金がかかることなく、おまけに近所は桜の並木通りで、めちゃくちゃきれい。

暑い夏は近所の神社や道ばたの草取りに行って汗をかき、体を自然に冷やしてくれる野菜を食べて過ごします。

秋は芋《いも》・栗《くり》・南瓜《なんきん》の恵みを喜び、敬老乗車証でバスに乗り、神社仏閣の紅葉めぐり。

冬は火鉢でコトコト根菜を炊いたり、みかんを焼いたり。寒さのなかで火鉢を抱っこして「生きている」ことを実感。

一年を通して楽しみや喜びが尽きないんです。

起きて半畳、寝て一畳。狭いながらも楽しい我が家。質素賢約の生活は満足この上なし。

家賃は２万円台で
電気代700円未満
ガス代900円未満
水道代1000円未満。
食べるものは、
いただきものも多いので
１万円でお釣りがきます。
あとは月20回の銭湯代１万円と
たまの外食や孫へのお小遣い。

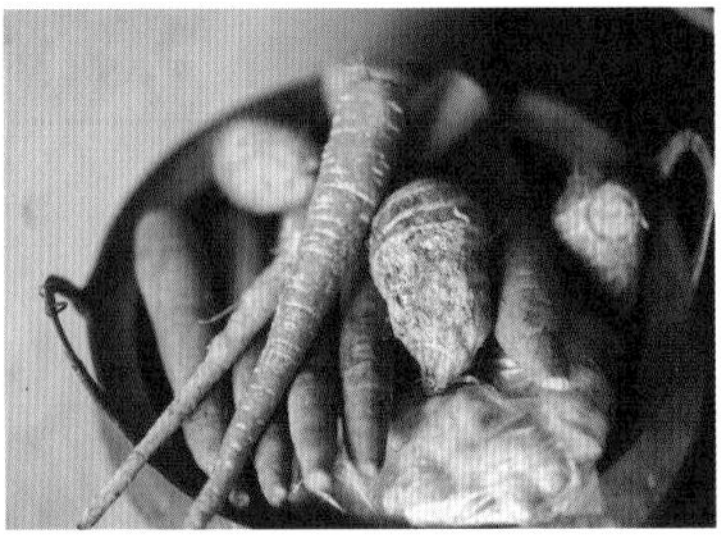

第1章

ばあちゃんの一人暮らしは快適、万歳

湯沸かし器、エアコン、扇風機はなく、主な道具はガスコンロ１つに火鉢に七輪、豆炭こたつ。トイレとシャワーは共用。お風呂は無いので、銭湯通いが日々の楽しみ。バスで山の温泉地へ行ったりすると千円ぐらい入浴料がかかるけど、友達や姪たちと行くのはたまのお楽しみ。

シンプルななかにも心が豊かな暮らしが、どんな場所でもできること。質素で賢約を当たり前に、楽しい毎日が送れることが私の誇りであり宝です。

誰もが驚くような質素な暮らしですが、私は節約しようなんてさらさら思ったことはありません。ただ〝もったいない〟の暮らし方が基本なだけ。

大都会でも自然に親しんで暮らしていると、お金はそんなに必要ない、ということなのです。

「あれがほしい、これがほしい」の欲望がないから軽快

ばあちゃん今はそんな身軽な暮らしだけど、夫と生活していた50代までは、物がいっぱいでした。静岡に家を建て、京都の綾部にも家があったから、物がとても多かった。

夫が亡くなり子どもも孫も成長した今、静岡の家や綾部の家は手放し、全部、整理しました。もう、ここにある物が私のすべて。

あれがほしい、これがほしいという気持ちはさらさら無くなり、やっと欲から離れられたんです。

それは「母の教え」と「食養」のおかげ。

かつての日本は、買う暮らしじゃなくて、作る暮らしが当たり前でした。ばあちゃん自身「お金を使わないで生きること」を親から教えてもらってきたので、その暮らし方を知っている昔の人間です。

さらに私の母は、貧乏を達観していたすごい人でした。

お金がなくても辛い顔をせず、淡々と智慧と工夫を重ねていた。

そんな母から大事なことを教えられてきたからこそ、今こういう人生が送れているんだと思います。

この本では「食養」の教えにもあとで触れますが、小さい時から食べ放題、飲み放題の贅沢三昧をしてきた人に「じゃあ今から食養の基本、質素な一汁一菜で生活を」って言っても、きっと難しいかもしれませんよね。

だから、自分にできるところからで、大丈夫。

「田舎暮らしをすれば、そういう生活ができる」と言う人もいるけど、今のばあちゃんの家は京都のど真ん中・観光地。

ここで暮らす若い人たちのなかにも、私がすることを少しずつ真似してみようとする人がいるんよ。

都会でもできるし、若い頃からでもできる暮らしです。


ばあちゃんは、今のこの生活でもすごく贅沢。

これだけの物を持っているだけで豊かすぎると思うんです。

ありがたい、ありがたい人生。

おかげさまの人生、もったいない人生です。

身軽な暮らしをつくるのは、昔ながらの物と習慣

ばあちゃんは毎日、人や食べ物に感謝することと、昔ながらの物や智慧、習慣を大事にしながら生きてます。

台所道具だと、石鍋・土鍋・鉄鍋・鉄瓶は、料理がすごくおいしくできるから、長年愛用しています。たとえば石鍋は平成元年に買って以来ぜんぜん壊れず、もう35年も一緒の働きもの。

めちゃくちゃ重たいけど熱が食材の中心までじっくり伝わって、冬は火鉢の炭でも玄米や分づき米がふっくら。格別においしいんよ。

土鍋でもご飯を炊くけど、どっちの鍋も遠赤外線効果があって、お米が煮

える時に陽性のエネルギー（P165）が一粒ひと粒に貫通するから、食べると元気が満ちてくる。
これが、ばあちゃんの活力の源です。

日々の食事はご飯と味噌汁、漬物に、旬の野菜を一品くらい。

器は、お茶碗やお椀、どんぶり、お箸がそれぞれ2〜3ほど。
本当は1つずついいんだけど、欠けたり割れたりした時のために、

＼こつは塩パラリ／

ばあちゃん流 ご飯の炊き方

①玄米は一晩浸水（3分づき米なら2時間）。新しい水に替えて塩ひとつまみ。

②初めは中火。噴いてきたら弱めの中火で25分ほど。その後、弱火で15分。

③土鍋や石鍋はカニ穴を開けて教えてくれるから、それが炊き上がりの目安。

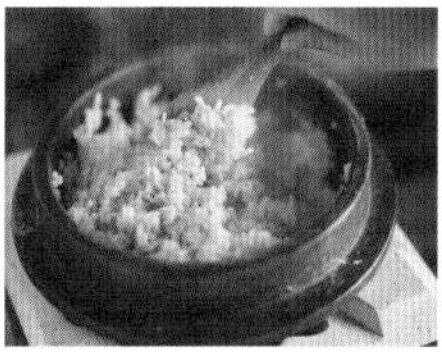

④10分蒸らして蓋を取ると、おいしい匂いが立ちのぼる。天地返しをして完成。

必要最低限だけ揃えています。

こういう生活は、生活費がかからずシンプルにおいしいものから元気をもらえて、物の片付けには煩わされず、気が楽でありがたい。

まずは昔の道具や習慣を見直してみてちょうだいな。

シンプルに生きる力と智慧が身につきますよ。

第1章

ばあちゃんの一人暮らしは快適、万歳

使用して洗ったら天日で乾かし、すぐぶら下げるからよく乾いています。

私の母は晩年いつの日も火鉢暮らし。お茶とお漬物を楽しみに生きていました。いま私がその暮らしをしているところ。

お茶はいろいろ。梅醤番茶や、冬の寒い日は黒焼玄米茶、マコモ茶も。春はヨモギ茶で香りを楽しみます。

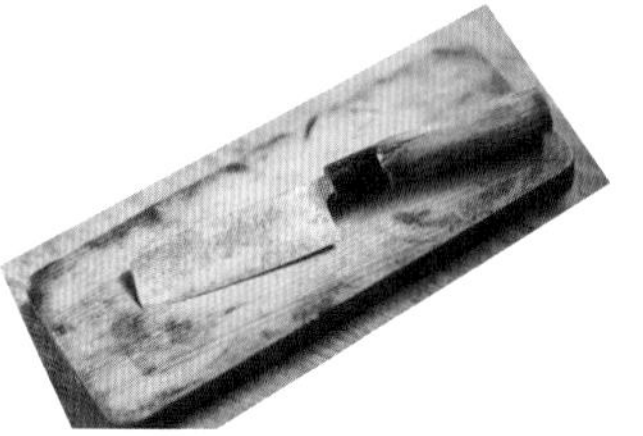

鉄鍋は静岡時代からの宝物。眺めているだけで思い出がいっぱい。まな板は10年以上愛用、包丁も昔のものばかり。錆びたら研いでいつもピカピカ。糠床は夏に活躍、冬は冬眠。菌はたくましく生きています。

30年前の服でも、リメイクしたらとってもオシャレ

ばあちゃんの服は、昔の古い着物をリメイクしたもの。

全部、友達が縫ってくれます。

何十年も前の昔の布が好きだし、それを大事に着るのも大好き。

布を自分で探して見つけ、自分でほどいて洗う。

それを友達に渡すと、ちゃっちゃっちゃっちゃっちゃっちゃっと、素敵に仕立ててくれるんです。（ちなみに、ズボンでもワンピースでも2千円くらいしか取らなくて。「もっと取らないかんよ」って言っても「いいのいいの」とか「いらんいらん」の一点張りの人なんです）

普段着も、講演会や料理教室で着るものも、それで一年中間に合っていま
す。しゃれたものはないけど、欲しいとも思わないから大丈夫。

なるべく持ちたくないから、何着かを毎年着回し。
夏はワンピースを3着から4着。
ジャブジャブ洗えるものを手洗いして過ごしています。

冬はセーターを着ます。私があんまりみすぼらしい格好をしていると、可
哀想だと思うのか、手袋や靴下、マフラー、セーターをプレゼントしてくれ
る人がいます。だから冬も不自由していません。
私好みの自然素材でできた物をくれるので、大事にしていつまでも使わせ
てもらいます。

袋や手提げなどは、お年寄りが作ったものをいただくけど、手縫いで温かみがあるから大好きで、古くなるまで使い込んでも手放せません。

財布や小銭入れは布製で、ちっちゃくて年季が入っています。どこでも持っていくし、畑にも持っていくから土で汚れてくたびれてます。癌が治った方がお礼にくれた思い出深い財布を使っていたこともありました。

おかげさまで良い人たちに恵まれて、ありがたい人生です。
ばあちゃんはこういう人の親切心にも心から感謝しています。

ばあちゃんには、いま売られている洋服を買うって感覚がなく、普段も外出も着物をリメイクした服がお気に入り。

いろんな生地で友人が縫ってくれた羽織は講演会にも活躍。草木染めの明るい色のストールは、よくアクセントにします。

知り合いがくれたこの羽織は日々の定番。履き物はどこでも草履を愛用です。

夏に編集者の大石さんが「ばあちゃん、お茶目」と撮ってくれたのが左の1枚と右の台所での1枚。夏も首と足首は冷やさず、骨折が命取りになるので足袋とソックスを重ね履き。

一汁一菜。献立も買い物も
その日の気分で

ばあちゃんは、もう30年も基本的に一汁一菜。
玄米か分づき米と旬の野菜があればことが足ります。

毎日の食事の献立なんて、まるで考えていません。
行き当たりばったり。
そもそも食べたくない時は作らない、食べない、で生きています。

おかずは一品あれば上等だけど、一汁二菜の時もあるし、一汁三菜の時も

ある、という具合です。

誰かが来る時も、あるもので作るまかない料理。

わざわざ買い出しに行かず、冷蔵庫にあるもので作る。

大根があったら刻んで塩を振り、唐辛子と昆布と柚子の皮を入れて一夜漬けにすれば一品完成。

そんな素朴なおかずがたまらなくおいしいのです。

とっておきの一菜

野の恵みもごちそうに

河川敷で摘んできた青菜を塩昆布と唐辛子で漬物に。乳酸発酵が進むとおいしい。

普段のごはんは一汁一菜。常備菜として漬物や煮物などを作っておき、気分でいただきます。

冬はよく、土鍋や鉄鍋を火鉢か七輪にのせてコトコト。大根、人参、ゴボウ、油揚げ、こんにゃく、椎茸を煮物やけんちん汁にして温まります。

ばあちゃんは肉、卵、砂糖、乳製品を食べないから、買い物もすごくシンプル。時折、魚売り場をぐるっと回って、国産しじみの味噌汁を飲みたいなって思った時は、「肝臓の薬だから」と買います。

冬は天然魚のアラを買ったり。

身じゃなくてアラ。鍋物にすると、ものすごい出汁が出るんです。

それでもアラ一盛りは多いから残りは冷凍。そうしておくと一冬を一盛りのアラで楽しむことができるから経済的なんよ。

私が痩せてガリガリの〝骨皮筋衛門〟だからって、姪っ子たちが「もうちょっと魚や練り製品なんかを食べた方がいいんじゃない？」といろいろ持ってきてくれたり、送ってくれたり、他にも「たまには食べた方がいいよ」って心配してくれる人がいます。

でも私は今のこの食事で満足なんです。

心配してくれるのは嬉しいけれど「小さな親切、大きなお世話」って、笑いながら断ります。

そうそう、冬は鉄鍋で手作りほうとうも楽しみます。子どもでもすぐできるし、非常時にも役立つので、長年ばあちゃんの料理教室でも大好評。

麺を伸ばす台や、麺棒がなくてもできちゃうんです。

自分でこねて寝かせて伸ばして、パッと広げて麺を作るのはマジックみたいで楽しいし、すごくおいしいんよ。

ほうとうの作り方

生地をこねて寝かせる

約3人分の場合、地粉200gに塩小さじ1を加える

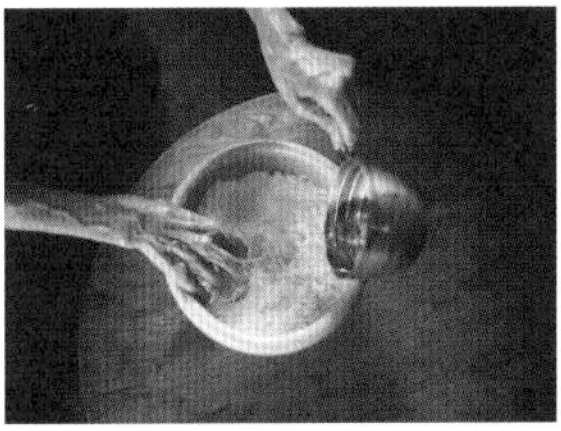

水1カップ弱を入れて混ぜる

約13分力を込めてこねる（こねるほど後で伸びる）

生地を1つ1つちぎっていく

くっつきやすいので容器に粉を軽く振っておく

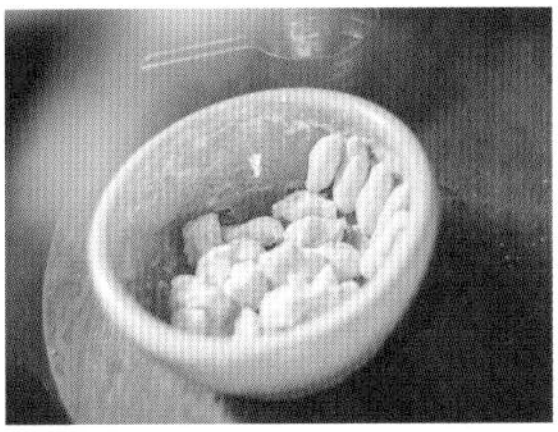

生地を小さな棒状に丸めて並べる

こんな感じで生地の準備はOK

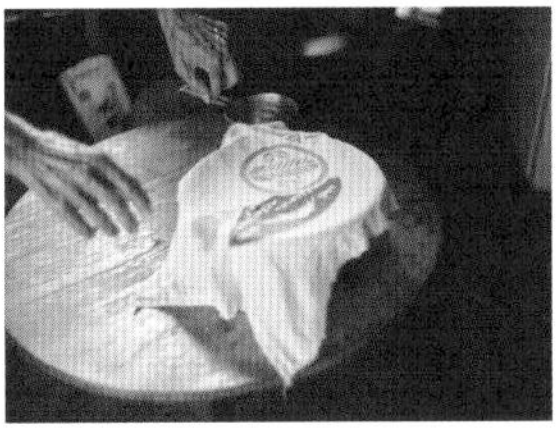

濡れ布巾をかけて30分以上寝かせる

具材を準備する

ゴボウ、人参、大根を食べやすい大きさに切る

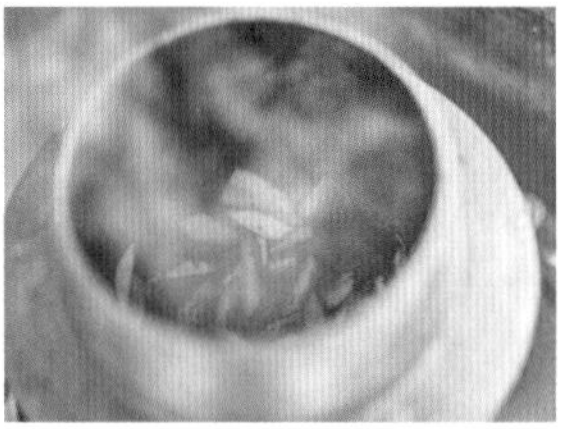

ごま油などで炒める。（ばあちゃんは椿油）

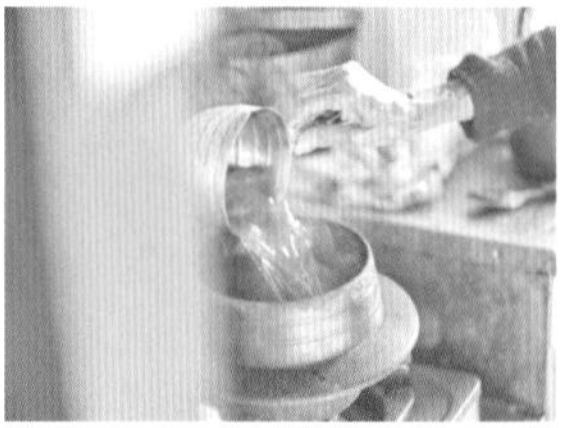

昆布出汁を、昆布ごと入れ、沸騰前に取り出す

里芋、かぼちゃも食べやすく切って鍋に加える

麺を伸ばす

生地を両手でこよりのように伸ばしたら

真ん中を持ち、裂くようにして……

親指と人差し指を使って思いっきり開いて伸ばす

大きな輪っか状の麺ができあがり！

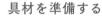

麺を茹でて仕上げ

できた麺から鍋に加えて火を通す

冬は味噌、夏は醤油大さじ1入れてしばらく煮る

くっつかないよう、時々混ぜる

その間にネギを小口切りにする

器に盛ってネギをのせたら、いただきます

旬の根菜を油で炒めるのがおいしくなるコツ

お通じよし、肩こり腰痛、不調なし

ばあちゃんには、肩こりや腰痛、膝の痛みがありません。

マッサージを受けたこともないし、呼吸法や、鍼、お灸、ビワの葉灸など、特別な健康法や体操を試したことは、この歳まで一回もない。


ヨガを何十年もされている方から、「若杉さんの体は柔らかい。ヨガを何十年やっても、そんな柔らかくならない」って褒められます。

練習はまったくしたことないけど、いつでもどこでも出来るんよ。

前屈したら、床に手が届くんよ！

普段ストレッチやスクワットなどしていないのにこの通り。動物性のタンパク質を食べてないから体がかたくならないの。

普段は下駄や草履でたくさん歩きます。

自然に沿った生活をしているから、毎日必ず1回はお通じがあって、うんうん苦しむことなく、さっと出て、ぱっと終わり。まるでマシーン（笑）

たまに、おかずを食べ過ぎた時の便はベタベタと乱れています。炭水化物のご飯をしっかり食べたり、おそばやうどん、塩気をちゃんと摂ってると、便が太く20センチくらい繋がってます。

大便は「大きな便り」、小便は「小さな便り」。自分が食べたものを便がきっちり教えてくれるから面白い。匂い、形、色……体からの便りをしっかり学びましょう。

ばあちゃんは毎日、何かと仕事を作って体を動かしてます。

あとは下駄や草履を履いてたくさん歩くのが好きだから、それくらい。

あるがままに、自然体で生きているだけなんです。

足はポカポカ、骨は丈夫で、医者・薬いらず

疲れる、ストレスが溜まる、目眩がする、眠れない、という人はいませんか？　手足や体が冷え切っている場合は要注意。健康を象徴する諺《ことわざ》「頭寒足熱医者いらず」を、ばあちゃんは実感しています。

底冷えする京都の冬、うちには火鉢と七輪、豆炭こたつしかないけど、ばあちゃんの足はいつもポカポカ。食養の智慧のおかげで冷えて困ったことはありません。

幼い頃からの友達はみんなどこかが悪いと口々に言います。ボケちゃった

り、車椅子の生活になったり、癌や寝たきりになる人もいる。

同窓会の時、「トン子ちゃん（私の子どもの頃からのあだ名）、あんた前に出て健康の話をして！」って友達から言われるから、30分ぐらい話をすることがあります。

そんな時は、こうハッパをかけるのが、ばあちゃん流。

「私たち、戦後に何を食べてきたの？　戦後すぐの頃の食事に戻さなきゃダメなんだよ。麦飯食わなきゃ。肉だ卵だ牛乳だって食べているから、病気の問屋、病気のデパート、病気のカタログになるんだ」って。


私は賢くないけど、判断力と直感力があって、詐欺や盗難には遭ったことがなく、火事や大きな事故を起こしたことはまだ一度たりともないのが自慢。

ただ、ケガではこれまでに2回、山から落ちたことがあります。山の掃除をしていたら、落っこちて気絶してたみたいで、ショボショボ雨が降ってきた時、ぱっと気がついた。

どっか骨でも折れたかな?と思ったけど、折れてなかった。かなり高いところから落ちたものの、かすり傷ぐらい。

すたすた下山して帰れるくらいでした。


体の骨が強いのは、幼少期から質素なものばかり食べて育ってきたからかもしれません。

食養にご縁をいただいてから砂糖を食べていないのも、丈夫な理由だと思っています。

友達には、複雑骨折して体の中に金属を入れたり大変な人もいるけど、私は転んでも意外と平気なんです。

最近では、そんな自分の体を自分で褒めています。

それから入浴も大事にしていることのひとつ。ばあちゃんが通うお風呂は、芯から温まるありがたい源泉掛け流しの温泉。

着くとみんなに「あんた元気やねー」って、よく言われます。

病気持ちの人からも、「あんたどっから来てんのか知らんけど、元気やね。元気な年寄りやね」って。

昔の人がお風呂から上がると、口ぐせのように「風呂は命の洗濯だ」とか「極楽、ごくらく」と言っていた光景を思い出します。

ごはんとお風呂で体も心も温めて、心身を浄化しましょう。

年中ワクワクする暮らし

ばあちゃんには月ごとに楽しみがあります。

1月は、火鉢暮らし。火鉢でご飯を炊いたり、お餅を焼いたり、コトコトけんちん汁やおでんを作って楽しい一年のはじまり。囲炉裏はないけど、火鉢の炭火で炊いたものは五臓六腑に染み渡るほどおいしいご馳走なんです。

ちなみに「正月（門松）や冥土の旅の一里塚　正月はめでたくもあり　めでたくもなし」とも言いますが、まずは地元の神社へ新年のご挨拶をします。

2月の京都はめちゃくちゃ寒いからあまり外に出ないけれど、体のことを思い、タンスや引き出しの片付け。昔の手紙や写真に出会って懐かしんでいます。そして銭湯が特に楽しみになるのもこの月ならでは。

3月は、野草のナズナやヨメナ、ふきのとうが出てくるから、ワクワク嬉しい季節のスタート。

4月になると、ツクシやセリ、たんぽぽ、ノビルやヨモギを摘んできては料理を作って食べて。みんなにも食べさせてあげたいから持って行ってあげたり、送ったりもします。すると、みんなが喜んで「私もヨモギを摘みに行こう！」ってなるのが、また嬉しくて。

他にも三つ葉、ギボウシ（ウルイ）、たらの芽、イタドリ、いのこづき（イノコヅチ）……。野草は、次々に出てくるから、春から初夏は目が離せません。私には野草が「来てくれ、探してくれ、見つけてくれ、摘んでくれ、作ってくれ、食べてくれ」と言っているような気持ちになるから、春になると体が先に動き出して、元気をもらっているのです。(野草は毒性のものもあるので、摘みに行く時は詳しい人と同行してくださいね)

7月、8月の一番暑い時は熱中症にならないよう、冷奴やそうめん、冷や汁、麦ご飯など、体を内側から自然に冷やすものをいただきます。それでも暑さにやられたら、家にあるものや野草を使った手当てがあります。

たとえば豆腐のカリウムはものすごく体を冷やすから、豆腐療法を覚えておくのがおすすめ。熱中症にかかりそうな時は、まずは体を冷やすこと。豆腐を脇に挟んだり、おでこに当てたりすると、10分も20分も経たないうちに体温が下がるんよ。頭の下にキャベツの葉やヨモギの葉、里芋の葉を敷いても、冷えてくる。

それと、座布団カバーの中に野草を入れて寝っころがれば、体の熱を野草が取ってくれるという手当てもいいよ。

暑いからって、冷たい食べ物……氷水やアイスコーヒー、アイスクリームなんかを体に入れると、内臓が一気に冷えて働きが悪くなり、病気の引き金になって悔やむことになりかねません。体を「自然に冷やす」豆腐やトマト、キュウリ、スイカ、マクワウリなどウリ系の料理を食べましょう。

ちなみにばあちゃんは、真夏の7月8月でも家の中にはいません。夏は草の成長期だから、よく草取りをしてるんです。近所の人から「熱中症にかかるから家に入りなさいよ」って心配されるけど、私は暑さに結構強い、ありがたい体質だから大丈夫。

9月が来ると、野草には種ができるけど、種も食べられるものがあるからまた楽しい暮らしです。シソの実、アカザ、アオザ（シロザ）の実、ヨモギの実をよくアク取りしてつくだ煮にすると重宝します。お茶にしたり、塩漬けにしたり、醤油漬けにしたり、工夫して保存するのも楽しみなもの。

秋は「芋《いも》・栗《くり》・南瓜《なんきん》」のお楽しみもスタート。

「芋や栗、かぼちゃがおいしい時期だから、手作りおやつにしたり、料理して食べてね」と周りにも伝えています。

10月11月になると根菜類が出てきて、大根や自然薯がおいしい季節。体の中からぽかぽかあったまる料理も次から次へとあるから嬉しくなる。

ばあちゃん自身も冬はよく根菜をいただきます。ゴボウ、人参、大根、レンコン、里芋……それを昆布出汁で炊いてけんちん汁やおでんに。飽きたら、具材に衣をまぶして天ぷらにしたり。煮汁はダントツに味わいがあるので、カレー粉を混ぜてカレーやカレーうどんにしたり、変化をもたせながら1週間ぐらいかけて食べています。
そうそう、里芋の皮を油で揚げた一品も作るんよ。

昔は、たくあんや白菜などの漬け方も教えてました。特に、たくあんを漬けるのは日本の冬の風物詩だったけど、最近の人は住宅事情で干すところがないし、樽もないから、漬ける機会が少なくなっているのが残念です。でもたくあんの乳酸菌はものすごく体にいいから、味噌漬けやぬか漬けなど、ぜひ食べてちょうだいね。

さて冬は、種を採ることもやらなきゃなりません。ゴボウやシソ、大根などを来年も自家栽培するために、乾燥させて鞘から種をとり出す。これまた楽しみなのです。
12月は年の終わりだからって、特別なことはなにもしません。年越しそばやおせちは、もう食べなくなりました。でも大晦日と元日は、一年365日の最後の日と最初の日。陰と陽の尊い日なんだと、つらつら思います。

「来年は、どんな年になるのかな。また一つ歳を取るな」とか、未来に思いを馳せることはありません。自然に任せて、自然のまんまに生きていったら一番いいんじゃないかと思うんです。自分にも、人にも神様が決めた寿命っていうのがある。自分が決めるわけじゃないから、神様の思し召しまで生きていたらいいと思うんです。


日本は四季折々のものがたくさんあるから、その時節の旬を食べることが心身によいのです。旬とは一瞬の間。目も気も離せません。

昔の人も、そうやって自然に親しみワクワク生きてきたのです。

死ぬまで元気でいたいから

昔の年寄りは死ぬまで元気でした。働いたり、家のためにやることがいっぱいあって。

今は、家事もぜんぶ電気まかせだから、年寄りは楽でしょうがない。

「一日が長くて困る」という人は、なにもしていないか、したいことがないからじゃないんかな。でも人間、目と気を配っていたら、歳を取ってもやることはいくらでもある。

ばあちゃんは、昔も今もゴミが落ちていたら拾って帰るし（ポケットにビニール袋を入れて歩いてるんよ）、一人ぼっちでもボランティア活動をよくしていました。

ばぁちゃんは、1日、1週間、1ヶ月が早すぎて困ります。

やりたいことがいっぱいで。

春は野草を探して摘んで歩くのが嬉しいし、特に忙しい季節です。私が摘み草をしていると、「おばあちゃん何を摘んでいるんですか?」って、必ず声をかけられるので、「これはヨモギっていうものよ。ヨモギは日本の万能薬だよ。摘んで帰りなさい」ってヨモギの効用を教えてあげたりする。すると、「じゃあ、摘んで天ぷらでもして食べてみます」って持って帰る人もいる。

河原で野草説法。こんなことをしているから暇じゃないんよ。

自分が年寄りなのに、年寄りにも声をかけます。

同世代には「寝転んでテレビばっかり見て、ボリボリ菓子でも食べたりしていると、認知症になるよ、糖尿病になるよ、寝たきりになるよ」とハッパをかけます。「暇だったら、お手玉でもしなさい」「お手玉でも縫いなさい」って勧めたり。とにかく手を使うこと、頭を使うことが大事。

自分が好きなこと、できることをやったり、いろんなところに行って、いろんなお話を聞いたりしたらいいんです。縫い物や、編み物、折り紙の上手い人はいますよね。人に何かを教えられるんだったら教えるとか、そういうことを年寄りは、もっとやらなきゃ。

あるとき、東北出身の人が「私の母はよくおやきを作ってくれたのよ」って言いました。すると長野出身の人は、「うちのおばあちゃんは、おやきの中に漬物や切干大根を入れてくれた」って言うから、ばあちゃんは、「そういうものが作れるんだったら、思い出して作ったらいい」と背中を押してあげました。すると、「私作る、作りたい、作ってみるわ」となって、みんな嬉しそうでした。

年寄りには、昔の話をするとビンビン伝わります。お手玉作りを始めた人が「やってみたら、楽しい。いろんな小石を川原に拾いに行ったのよ」と行動範囲が広がることだってある。

家の中にこもっていたら気持ちも塞がるし、楽しいことは一つもない。それに暇だとろくなこと考えない、って思うのは私だけじゃないはずです。

近くに公園があったら行って花を眺めて帰ってくるだけでも万歳。

外に出られない時は、友達に電話をするのもいいと思います。

ばあちゃんは携帯電話を使わないので、固定電話を使っています。

86歳の同級生から電話がかかってくると、「あんた何してんの?」「今日は、切干大根作った。あんたに送ろうか?」「ちょっと送って」とか、他愛のない話で楽しみます。

ばあちゃんから百姓してる友達のところに電話して、「今日、どんな仕事してんの?」「大豆を植えたところよ」「それが実ったら、私にちっとちょうだいよ」「送る送る」って、コミュニケーションすることも。

とにかく、暇が一番よくない。

昔の人のように、心も体もずっと忙しい方がいいんです。

昔やっていたことを思い出して、手と頭を使い、体を動かしましょう。

時間を見つけては神社仏閣にお参りに行き、ついでに境内の草取り。

みんなが集まるところでお手玉やあやとり、「夏も近づく八十八夜、とんとん♪」のような懐かしい遊びをすると盛り上がるんよ。

一人で気楽に豊かに生きる糧になるもの

私は料理に対する好奇心を持っていて、レシピは人から教わったものではなく、独特なものがほとんど。

料理とは工夫と創造の世界。煮物は何と何を組み合わせたらいいだろう？和え物は？……と、全部、自分で考えて作ります。お話もオリジナルでしゃべり、本なども自分が考えたことを書きます。

「すべては自分にあり」

ただその中で、お釈迦さんの言葉など、昔の人の話を例として紹介することも多いと思います。

たとえば、「人は食べたそのものである」
人は食べたものでできているから、食べものの化身、食べもののお化けであるということ。野菜で優しい、肉でにくにくしい、お菓子でおかしな人に変身するのです。2500年も前の教えに、人生は「生老病死《しょうろうびょうし》」（生まれる、年老いる、病に罹る、死ぬ、という四つの苦）だとか、「四苦八苦」であり喜怒哀楽の世界であるとか、あるいは、人は教えを守るけれど、次第にそれを破り発展し、離れてゆくので人を見て法を説けというものもあります。

また、食養やマクロビオティックを提唱した桜沢如一、石塚左玄、水野南北、安藤昌益、昔の聖人、出口王仁三郎とか、そういう人たちの教えを、ものすごく大事にしています。

たとえば「生涯の吉と凶のことごとくは食より起きる」「人は食が元ゆえ、人の良薬は食なり」「おそるべきは食なり」「慎むべきは食なり」

これは百発百中当たると言われた、江戸中期の有名な観相家・水野南北の言葉。昔の聖人たちの教えは直球でくるから、得心、納得ができる。

ばあちゃんは特に、そういった食の教えを軸にしています。

高度成長の時代、亭主関白でワンマンな夫は、私に相談せずにいろんなものを買って帰ってきました。そのことに文句を言うと喧嘩になったものです。スポーツ用具だとか、家の中はいろんな物で溢れていました。

それでも、夫はまた買う。言うと喧嘩になるから、当時のばあちゃんは、とにかく「我慢」をすることに決めていました。

海外旅行は、香港や中国本土、韓国とか、いろんなところに連れていってはもらったけれど、ちっとも嬉しくなかったので、もう行かなくてもいいし、行きたいとも思わなくなったんです。

外国の観光地より国内で自然がある所の方を私が好むから、「お前は変わり者だ。普通の奥さんは行きたがるし、欲しがったりするものなのにお前は喜ばない」って、夫によく愚痴を言われました。

私は若い時から、指輪やネックレス、時計のブランドにもまったく興味がなかったんです。

私の50代は石鹸運動やいろいろなボランティアで人生がイキイキしていました。おかげでたくさんの人に出会うことができ、人生が十分豊かだった。あのころ一緒に活躍した仲間たちも年老いて次々と帰らぬ人となり寂しい限りです。

そのなかで親友と呼べる人が二人いました。強い絆で結ばれていたので生涯を通して忘れることはありません。私はいま、物を持たない暮らしをしているけれど、その二人の形見は大切にしています。
親友だと思える人がいたことは、私の人生にとって最高に幸せなことでした。その二人が私を後ろから支えてくれているようで、新幹線で静岡を通る時には手を合わせています。ありがとうです！

こうした人との豊かな絆や食養の智慧があるからか、いま一人でも不安や心配は感じません。

老後の生き方は一人ひとり全部違うけど、ばあちゃんは一人暮らしが、気楽であん気で幸せです。絆は大事にしながらも、子どもたちには頼らないで一人で生きていきたいと、つらつらと思っています。
昔はほとんどの人が家で自然死しましたが、今は病院で病死する人が増えている時代。私は自分の終末期に病院の治療をお断りするため、平成17年に尊厳死の登録をしました。

一汁一菜を手作りして、お腹がすいたら食べ、行きたいところに出かける、寝たい時には寝る——自由自在の毎日で終わりたい。

これ以上の幸せはありません。

水野南北（→P63）の名言！

第2章

モノもお金も最小限の、身軽な暮らし

これ食べてたら、年金生活で十分

ばあちゃんの財布に、いくらお金が入っているでしょう。見たらわかるけど、1万円札は入ってないんよ。だって、お金を使わない日が多いんだから。冷蔵庫にあるものや、いただいたものを食べて生活しているわけだから、助かりますし、ありがたい。

食費は、だいたい1万円ぐらい。お米はいただくし、味噌、醤油ももらいもので間に合っちゃう。自分で買うのは、自然食品店の、自然農法で育てられた旬の野菜や、こんにゃく、豆腐や油揚げ、おから、そば粉、くず粉、白玉粉、米粉くらい。

そういうのを含めて1万円ぐらいです。


私の料理教室に来る年寄りたちは、口を揃えて言います。

「若杉さんの料理教室に来て教えてもらうと、年金で生活できる」と。

今まで肉、魚、卵、ソーセージやハムとかを買っていた人も、野菜や野草の食べ方を教えてあげると、「これ食べて生きていたら、金はいらんわ」って、喜んでくれるんです。


ばあちゃんが教えてきた「食養」の料理は、体が元気になるのも請け合い。

12～13年前、ある会社の社長で末期癌の方が、知り合いの方に連れられて私を尋ねて来てくれたから、鯉こくを炊いて、石鍋で玄米を炊き、ゴマ塩を作ったり、黒焼玄米茶を煮出して飲んでもらったり……いろんな料理を出しました。

その後、連絡を取っていなかったけれど、今から5年くらい前に地方での講演会に来てくれました。夫婦でニコニコしながら聞いていたから、講演会の中で紹介したんです。

「この方は癌で末期だったんですよ。私が炊いた鯉こくや石鍋の玄米、ゴマ塩なんかを食べて元気になって、今こうやって活躍しているんです」

そうしたら、皆さんの前に立って、こう話してくださった。

「そうなんです、食べ物が大事でした。僕はそれまでものすごい美食家だったんです。若杉さんに出会って、やっと目が覚めました」

ばあちゃんの周りでは、こんなドラマがよく起こります。
食養のおかげ。
ありがたい、感謝です。
あの時お互い元気で生きて会えたのは、最高でした。

これ食べてたら
年金で暮らせる
元気になった!

困っている人への「お互い様」と、たまの贅沢

人間はお互い様です。いつどこで人に助けてもらうかわからない。自分の子どもや孫だって、どこかで誰かに助けてもらうことがあるかもしれません。だからお互い様なんです。

ばあちゃんはお金を、中村哲さん（長年、海外で人道支援を続けた医師）の団体や、オイスカ・インターナショナル（農業の人材育成などで活動する国際NGO）、あしなが育英会、盲導犬の協会などにわずかながら寄付しています。

日本には善意のある人もたくさんいて、助け合いの精神がある。心ある人は、大きな寄付をしたり、ボランティアで被災者のために汗水流して懸命に働いたり。そういう人はほんとうにすごい。
そんなニュースを知ると嬉しくなります。

最近はみかけなくなったけれど、昔はホームレスがいっぱいいたから、お弁当を買って渡したり、千円渡して「これでなんか食べんさい」って伝えたりしていました。

私のこういうところは、母（P22）の血を少し引いているんだと思います。
母は、父方母方の親戚中から慕われていて、今でも親戚が集まると母の話がよく出ます。姪やいとこ、はとこと集まっても母の話が出て、それは嬉しいものです。

だからか、ばあちゃんはお金を自分のためだけに使うってことは、昔からあんまりなかったんです。「あそこに行きたい、あれが食べたい」とか「こんな服が欲しい」とか、そういう気持ちもさらさらありません。

自分と人を比べたり、「あの人は持っている」とか、「悔しい」みたいな思いや、執着、嫉妬もさらさらないのです。

自分のために使うお金は基本的に、生きていくのに必要な分だけ。

米とか調味料、味噌などは、ある程度の備蓄をしなきゃいけないから、そういうものへのお金は厭わないけれど、「もっと」という気持ちはなくて。

たまにする贅沢といえば、お蕎麦屋さんへ月に2回くらい行くことかな。国産で自然農法の、打ちたて茹でたての十割そばを出してくれる、小さいけど人気の店で並んで食べます。

1200円ぐらいするけど、こだわってやっているところだから、それくらいは当たり前、当たり前。

時々「天然の魚が食べたいな」という時は、琵琶湖の天然魚を扱う知り合いの自然食品店をのぞきます。たまに天然のウナギが置いてあって、4千円ちょっとかかるけど、そんな日は奮発しちゃいます。

あとは孫には弱いから、お小遣いをあげたり（笑）

そんなお金の使い方をしているんよ。

お金はお足。足が生えて出ていくものだから大切に

ばあちゃんは、生命保険やがん保険、火災保険とかには入ったことがなく、積み立てもしたことはありません。

夫が生きている時は、夫がかけていたけれど、亡くなった時に全部解約しちゃいました。

病気になるイメージがないわけじゃないけれど、郵便局に貯金はしているから、ある程度貯まったら定期にして、なにかがあったらそれを使えばいいと思っています。私が元気なうちだったら私が使えばいいし、私が危なくなったら、子どもたちにそれを渡せばいい。

人間はいつどうなるか、先のことなんてわからない。昔から「一寸先は闇。明日があると思うなよ。今日は人の身（上）、明日は我が身（の上）、明日の事は誰にもわからん」、また「来年のことを言えば鬼が笑う」と言って、来年の話なんかは語らないもの。

ばあちゃんは子どもの頃や若い頃、さんざんお金に苦労してきました。結婚した時だって、お金があるわけじゃないから結婚式は挙げなかった。親もお金がないから、結婚して何年目かに九州の実家へ帰省した時、兄が親戚を集めて夫を紹介してくれた。

私たち夫婦は、箸一本から家庭を築いた新婚生活。貧しかったけど楽しくて幸せな日々でした。今の人はお金があったらどんどん使って、おしゃれやレジャー、スポーツ、ゲーム、海外旅行……いろんなところにバンバン使っているけれど、無駄遣いをしていたら、いつかきっとお金に困って泣く日が来るんじゃないかと思います。

ばあちゃんには、今の人たちのお金の使い道はよくわかりません。

お金は本当に大事なもの。「金は天下の回りもの」「お金はお足って言って、お金は足が生えて出ていくものだから大事にしなさい」と、教えられてきました。

ばあちゃんはこれからも、残りの人生、残りの時間を大切に生きてゆきます。地道にコツコツ、一日一日を大事に生きていくだけ。

普通で平凡な一日ほどありがたいものはないんです。

土から産まれる土産をお裾分けし合う暮らしがいい

ばあちゃんは、畑で育てた大根でいいのがあると、「この大根でも持ってってやろうかな」とか、ネギでいいのがあると「あそこでご馳走になるから、ネギを持っていって、ちょっとお味噌汁に散らしてもらおうかな」とか、そんな感じで手土産を持っていくことがあります。

反対に、料理教室や講演会に出たりするとプレゼントをもらいます。企業の商品などは、くれるから受け取るけど、右から左で誰かにもらってもらいます。

化粧品をくれる方もいますが、私は化粧をしたことがないので使い方がわからない。以前、シャンプーかな?と思って頭を洗ったら、ベトベトするし、泡も立たない。なんでかな?と思ったらクリームだった、なんてことも(笑)

特に英語で書かれたものは、さっぱりわからん。

でも田畑で穫れたものや、手作りの物をいただくのは大歓迎。

そもそも「土産」っていう字が教えてくれています。

土から産まれると書いて土産。

だから、人工的なお菓子や高級品をお土産品にするのは間違いなんです。

特にばあちゃんは人工甘味料などの添加物はもちろん、砂糖が入っているものも食べないから、右から左へと人にあげなきゃなりません。でも人にそういうものを渡したくないし、捨てるわけにもいかず。

特に、シェアハウスの若い子たちにあげるわけにはいかなくて。だって普段「食べちゃダメだよ」って伝えてるのに「若杉さん、食べちゃダメって言いながら、私にお菓子くれた」って言われちゃう。そんなおかしなことは、したくないからです。

なので「私に砂糖や添加物が入っているものはくれないで」って、自分の意思をちゃんと伝えるようにしています。

夏に近所の神社の草取りをしていると、いつか神社の人が飛んできて「いつもありがとうございます」ってジュースを持ってきてくれたことがありました。そのときもばあちゃんは伝えました。「悪いけど私ね、好きで草取りしてるんよ。気になって勝手なことして申し訳ないんだけどね。私は砂糖の入ったジュース飲みませんから、気を使わないでください」って。

ばあちゃんは静岡にいる時から、お中元・お歳暮もやめてきました。もしいただいた時は「物をもらってもお返しをしないから、ごめんよ」と、ちゃんと自分の意思を相手に伝えています。

年賀はがきは、バージンパルプが使われていることを知ってから、やめました。新たに木を切って作られるからです。もらってもお返ししないから、直接会った時や電話で「年賀状ありがとう、でも私にはもうくれなくていいよ。もう出さないでね」って、必ず念を押します。

私は、土から産まれたものをお裾分けし合う暮らしが好きで嬉しいんです。

世界のインフレが日本にも。どう食べていく？

これからの人は、年金をもらえないかもしれない。年金制度は崩壊するんじゃないかと心配が絶えません。崩壊したら生活がものすごくきつくなるから、若い人は自分の未来を考えることが大事です。

国は面倒を見てくれません。これからさらに厳しくなります。

日本はデフレだったけど、世界はインフレ。

これがもう、こっちへ来てて、きっと食料難になります。だから、これからどうやって生きていくかを知っていないとダメだし、農家の人と絆をつくって、食べ物を助けてもらう工夫をしてほしいんです。

インフレというのは、物がなくなり生産が止まってしまうから商店街全部が潰れるくらい怖いこと。外国から入ってくる小麦を使うパン屋さんなどは、商売をやっていけなくなるかもしれないんよ。

戦争を知らない今の人たちはきっとわからないけど、昔の、ものすごいどん底を生きてきた人たち、年寄りはみんな知ってること。

私が行くお風呂屋さんには年寄りがいっぱい。そこで「世の中大変な時代になってるね。これからこの国は、えらい大変なことになるね」って言うと、「そうだよ、あんたの言う通りだ」って、口々に言います。

年寄りはみんな、知ってるんです。

でも若い人に「今、物が溢れているけれど、そのうち無くなるよ」って言っても信じてもらえません。

「金で治めて金で潰れる世が来る」

「売るもならず、買うもならずの世が来る」

と、明治時代に説いていたのは「大本」の教祖・出口なおさん。

今はまだ、お金を持っていれば物が買えます。ところが物がなかったら、お金を持っていても手に入れることはできません。じきにパン屋さんとか、お好み焼き屋さんとか、その他の店も順番に看板を下ろしていくことでしょう。正直言うと「この本も果たして出版できるかな?」って、ばあちゃんは心配な日々でした。そこまで大変なことが起きてると思うのです。

田んぼや畑を持っている人たちはまだ米も作れる、野菜だって畑に採りに行けばあるけれど、買って生活している人はそれができないんだから、困ります。

土壇場であわてふためく前に、一人ひとりが賢くなって、気づくしか手がありません。

都会の人が今、田舎にどんどん移住して農業をやり始めているけど、それは正解です。
移住まではできなくても、都会の人が農家の人と繋がって絆をつくり、手伝いに行って、お米を分けてもらったり、小麦粉、蕎麦粉を分けてもらったり、野菜を分けてもらったり。
そうやって自分の生きる道を、なんとか模索してほしい。

まずは、日本は自給率が世界的に最低レベルで、輸入に頼ってばかりなのを知っておくこと。輸入が絶たれたら、この国はパニックが起きかねない。だから、仕事も大事だけど、これからは生きてゆくこと、食べてゆくことを考えなくちゃダメなんです。

子育て世代の人は子どものために、ある程度のものを備蓄しておいた方がいいと思います。玄米、小麦、味噌、塩、醤油、玉ねぎ、里芋、さつま芋、ニンニク、生姜、小豆……。うどん、そうめん、スパゲッティみたいなものは長くもつから、そういうのも、買って持っておいてちょうだいね。まだ物が溢れている今がチャンスです。賞味期限が切れても食べられるものはたくさんある。捨てたらそれこそバチが当たるというもの。

いざとなったら、誰も助けてくれる人はいないんよ。

持っていたら困っている人にあげられるし、助けることもできる。

ばあちゃんは、「一年以上は困らないように、日持ちのするものを持っときんさい」と、伝えています。

なんでも買う時代は、やがて終わりが来る

梅干し、味噌、野草茶はもちろん、野草チンキなど、ばあちゃんはいろいろ作ります。ヨモギを焼酎に漬けたヨモギチンキや、かゆみにもいいし化粧水にもなる蛇イチゴのチンキとか。

作り方を教えてあげると、「教えてもらったもの、作って売っています」って、その商品を送ってくれることも。ばあちゃんが教えたことを、みんながビジネスにしているんです。私は、自分がビジネスやるのが嫌だから、教えています。

ばあちゃんは365日、化粧水をつけたことがありません。ちょっとピリ

ピリッとする時は、湧き水を、ぴちゃんぴちゃんってつけるぐらい。水が一番です。なんと言ってもタダ。

保湿クリームもいりません。ばあちゃんは、人生の裏も表も全部見せて生きてる人だから、飾らないし、かまわないんです。

食のことをしているから大きな冷蔵庫を持っていると思われるけれど、うちの冷蔵庫は小さなもの。その中に肉類の加工品はなく、野菜がいっぱい入っています。

冷凍庫には、ひじき、お餅、油揚げなんかが入ってるんよ。

何度も言うけど、日々の暮らしは「温故知新。古きを温《たず》ねて新しきを知る」が基本。

買う暮らしは毎日楽しいかもしれないけれど、こういう時代はやがて終わりが来るでしょう。

今は、終わりの始まり。大事な転換期だからしっかりして生きていないと、これから本当に大変な時代がやってくる。

先が長い子どもや若者たちのことを思うと、死んでも死にきれない、断腸の思いがするんです。

だからばあちゃんは今、縁があると、若い人たちに積極的に話をします。彼らは今「ばあちゃんの話が聞きたい、聞きたい」って、言ってくれる。そこで昔の話、戦争の話を伝えています。

「第二次世界大戦で日本には12万人の戦災孤児がいた。その子たちは親がいないから、道ばたで寝たり、土管の中で寝たり、よその小屋に入って寝たり。寝るところがない、着る物がない、食べる物もない。そうやって生き抜いてきた時代がこの日本にもあった。日本中が貧困で苦しい時代。でも大人も子どももボロは着てたが元気はあったんよ」

「子どもの頃のばあちゃんは、いつも食べ物がなくて、腹が減って、ぺっちゃんこだった」

「今は落ちているものが汚いだとかなんとか言うけど、当時は食べ物を拾ってでも食べてたんよ。物のある時代に生まれてきた人は、着る物も、食べる物も、家の中にたくさんある。そういうところに生まれてきた人には想像がつかないかもしれないけれど、これからまた大変な時代に戻るんだよ」

そして「猫のひたい程の小さい場所でも土があったら畑をやれ、野菜を植えろ、しっかりしろ、農業をやれ！」って力説してます。

ベランダに花を植えて眺めるよりも「花より団子」、ネギやニラやあさつき、シソなどを植えていたら、薬味になって大助かり。

ネギを買ったら根っこは捨てずに植えましょう。私のベランダは植木鉢がギリギリ収まる幅。でもネギの根っこは生きている。

まずは大人から、昔の人が生きてきた道筋の勉強と実践をしましょう。

すぐできる

ベランダ活用術

植木鉢のほか、根菜を置いておいたり、野菜の皮を干したり。洗った調理道具やお茶碗もここで天日乾燥。

尊い宝は土が産む。これからの時代を救うのは「土の経済」

ばあちゃんは今、「土の経済」を若い人たちに伝えています。

農業をする人が増えないと、これから先、日本はとんでもない事になると思うから、この活動を仲間たちと共にやっています。

私は、大本の出口なおさんの教えから、「土の力が世を救う」と学びました。

今こそ、こういう昔の人の声を聞くのが大事です。

・土より大事なものはない。尊い宝は土が産む。お土の御用をする者は食えない道理がない
・土を守り、在来種を守る百姓は、家の宝、社会の宝、国家の宝である

安藤昌益（江戸時代の社会思想家で医師）も、教えています。

・自然界には自然の法則が完璧にあり、人間の体の中にも完全があるのだから、法則を尊敬してこそ自由と幸福がある

・米は人なり、人は米なり、米を作らずして買って喰う奴は天下の大盗賊である

私がゲストに呼ばれたイベント「みんなで話そう『土の経済』」に集まってきた人たちは次々に農業を始めて、ばあちゃんはとっても嬉しい限り。

日本は少子高齢化で、農家は高齢者が多いし、後継者もいないから、田畑は荒れ放題。ブタクサやススキでヤブみたいになっちゃっているんです。

「土の経済」は、その耕作放棄地を再び甦らせることを目指して、若い人に使ってもらうための運動なんです。小さな運動だけど、みんなで考えるため

に集まったり、実践実行に移す人たちも少しずつ増えているんよ。

金もない、仕事もない、だけど学歴のある子たちも集まってきます。農業は金にならないけど元気をもらえると言って喜んでくれる若者もいて、本当に可愛い。

農業をやるのが難しい人も、小さくていいから畑を耕し、土に触って、しっかりと生きていってもらいたい。それがばあちゃんの願いです。

私の教えを揮毫してくれた人の作品と、平安神宮で記念撮影

考えるとは「神返る」。「自然大学」は学びがいっぱい

昭和5年に、お金が紙屑になった昭和恐慌がありました。前年にアメリカ合衆国で起きて世界中を巻き込んだ世界恐慌の影響で、日本円が紙屑になったんです。これから、そういう時代が来ないとも限らない。

ばあちゃんの周りにはいないけれど、世の中には金の亡者がたくさんいるみたいです。一人で何億何十億ってお金を持っている人もいるけど、金の亡者になったらダメ。

お金は便利だけど、ある意味では物質です。

じゃあどうしたらいいか？

私の師であり食養を世に広めた桜沢如一は、こう言っています。

「何事も人に答えは教えるな。考えさせろ、絶対に人に答えを教えちゃいけない」

つまり、自分の頭で考えなければダメ。答えを教えちゃったら、その人のためにならない、と言っているのです。

答えばっかり教える本を読んでも、なにも身につかない。

自問自答、自学自習っていうように、自ら求めて学んで、自ら習って、そして身につける。自学自習の姿勢が一生の宝になるんです。

考えるとは「神返る」

今の子どもたちは教育を受けているけれど、マルバツ（ペケ）で育っているし、詰め込みで教え込まれてきた教育は上から与えられたものだから、自分の為にも人の為にも、人生の役には立たないと、ばあちゃんは思います。

その証拠に、優秀な学校を出た人間が事業に失敗したり、自殺をしたり、事故を起こしたり、殺されたり、殺人したり、いろんな犯罪を犯したり。

また、自分で不養生して体を壊したり。

どうしてそういうことになるのか、どうしたらいいのか、そのことを、ばあちゃんは散歩の途中で出会う子たちに伝えています。

この前も、バス停にいた3人の男の子が、甘い炭酸水を飲んだり、アイスクリームを舐めたりしていたから声をかけました。

「君たちは、大学へ行くん？」。3人とも「はい」って言いました。

「ああ、そうかい。学校は行かない方がいい。大学は出ない方がいいよ」って言ったら「はあっ？」って首を傾げて驚いた顔をしました。

「大学を出た人たちも犯罪やっているよ。ニュースを見てごらん。警察官、教師、医者とか、立派な職業を持ちながら、詐欺で捕まったり性暴力で捕まったり、人殺しをしたり。くだらない発言をしたりして、吊るし上げられる人もいる。みっともない話だよ。政治家だって見てごらん。立派な人なんて、いたってほんの一握りだ」

続けて「ここまで狂っているのは日本の食べ物がとことん悪いからなんよ。君たちには、食べ物の勉強をしてほしい。だから君たちは自然大学に行きんさい」って。

すると、「自然大学ってどこにあるんですか?」って聞くので、

「自然がある田舎に行けば、米を作る師匠がたくさんいる。野菜作りを教えてくれる師匠がいる。お年寄りの師匠は、君たちを可愛がってなんでも教えてくれるよ」

「君たちが食べているものは、本当に、悪と毒のパラダイス。お金を出して食べるもんじゃない。君たちの体は大事なんだよ。これからの日本を支えていかなきゃならないんだよ」って念を押しました。

そのうちバスが来て、私も3人の男の子たちも同じバスに乗り、彼らは後ろの方に、私は前の方に座りました。

やがて男の子たちがバスを降りるため私の横を通った時、一人ひとりが頭を下げたのです。その姿を見た時に、

「ああ、言ってよかった。あんな話をしたけれど、この子たち一人ひとりが私に頭を下げてたっていうことは、この子たちにはまだ考える力がある」、とホッとしました。もし知らん顔して降りたら、こいつらはダメだなって思ったけれど(笑)

ばあちゃんはこうやって、機会があれば若者に声をかけています。

バス停でも、公園でも、辻説法。

すぐには伝わらなくても、いつの日か「あのおばあちゃんがそんなこと言ったなあ。バス停で俺たち、こんな話をされたよな」と思い出す日がくるん

じゃないかと思ってるんです。

今「お金」中心の人も、「グルメの美食飽食」をしている人も、自分でブレーキをかけてちょうだいな。

知識より知慧。

自然の中で食べものの知慧を学べば、お金の捉え方が変わると、ばあちゃんは思っています。

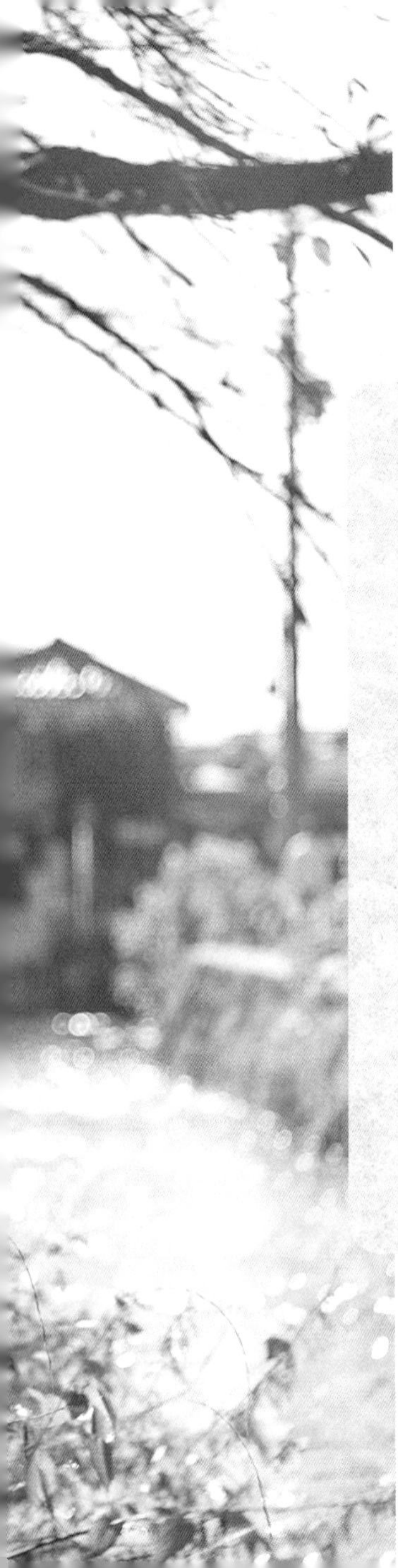

第3章

ばあちゃんは人にも自分にもストレス知らず

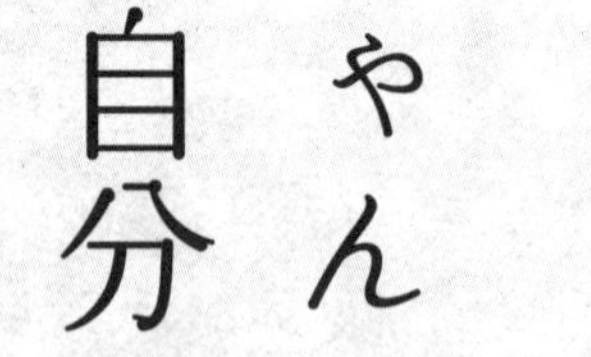

言いたいことを言ってオープン。元気で悩みなし

人間は歳を取るのが自然。若さを失うのも自然。

歳を取って死んでいくのも自然。

これが自然の法則だから、逆らわないのが一番です。


でもばあちゃんは、86歳だけどまだ声も出る、話もできる。

だから言いたいことをはっきり言わしてもらってます。

そんな姿にみんな驚き、「うちの母はボケているのに、若杉さん、どうしてそんなに元気なの？　若杉さんの存在が不思議で仕方がありません」って

言われたりします。

「昔の年寄りはみんな死ぬまで元気だったよ」

って答えるのですが、秘訣は3つあると思っています。


元気の秘訣の1つ目は食事。これまでにも書いてきたように、とにかく食べ物に気をつけています。量は一日一食の時もあるし、一日二食の時も。今日は朝ごはんを抜いたけど、15時になっても空腹を感じていません。少食と言われたら、少食かもし

真似したい
元気の秘訣は3つあり

その1：食事
昔の食事に戻し、好きな時に食べるけど、食べすぎない

その2：オープンであること
友達はもちろん、知らない人にもオープンマインド

その3：よくしゃべること
子どもや孫、よその子と、ずっとしゃべりっぱなし

れません。ばあちゃんの好きな言葉は「一生の守り本尊たづぬればあさ夕食べる飯と汁なり」。石塚左玄から教えてもらいました。

2つ目は、オープンであること。友達にもオープン、知らない人に会ってもオープン。だから辻説法で「あんた、ちょっとおいで」って声をかけることができるのです。

初対面でも関係ありません。講演会に来た人から、「ばあちゃんとは初対面だと思えません。なんか、昔から知っている人みたい」「ばあちゃんは、なんかすごく懐かしい人」って言われます。

そんなときは、「それは、あんたと私は前世で会って仲良かったからだよ」と言うことにしています。

3つ目は、よくしゃべること。息子が京都の山奥に湧き水を汲みに連れて行ってくれる時も、私と息子はしゃべりっぱなし。親子で話をするのも楽しいものです。

姪やいとこ、はとこたちともポンポン話します。少し耳が遠くなったから、「ちょっと大きな声でしゃべっておくれ」って言いながらポンポン。

孫ともよく話をするし、ひ孫と卓球やお手玉で遊ぶことも。

小学一年生のひ孫が「卓球、おばあちゃんできるかな?」って言うから、「できないわけないだろう」とか「下手くそだけど、一発やるか!」とか言いながら遊ぶんです。

他人様の子でもとても可愛いので、よその子ともよく話をします。

私は、ストレスがあるとか疲れるってことは知りません。たとえあったとしても自分で解決できます。

特に、人に食養を教える立場の者が心や体の病を持っていてはいけません。

「こういうものは食べちゃいけないよ。こういうものを食べなさい」「土鍋生活は意味がある。土鍋生活をすると、甘いものがいらなくなる。金属の鍋で炊かないで、土鍋でなんでも作りなさい」「体調が悪い時はこういう手当てをしたらいいよ。ああいう手当てをしたらいいよ」というアドバイスをしている私が病気になったり、心の病気をしたりしたら、人は私を信用しないでしょう。

人様の健康相談に乗ったり、病気の話を聞いたりする人間が、「私、今日は調子が悪い」なんて言えません。

この3つの秘訣の甲斐か、疲れ知らずで、悩みもストレスもなし。これもひとえに、「教えることは教えられること」なので、要は皆さんのおかげ、食養のおかげなんです。

人間冥利に尽きます。合掌、感謝。

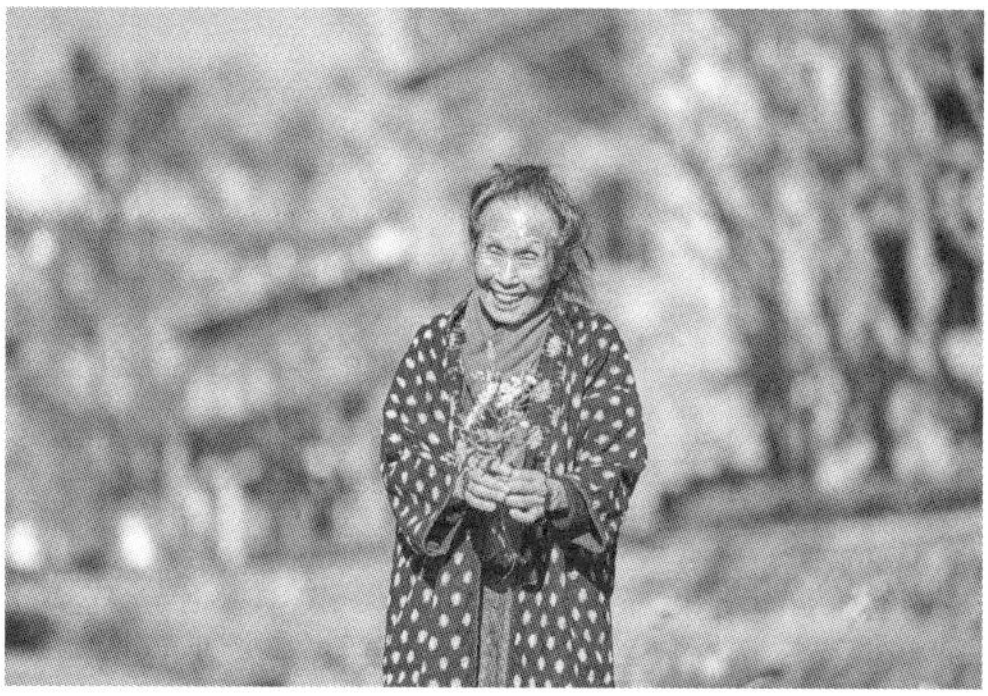

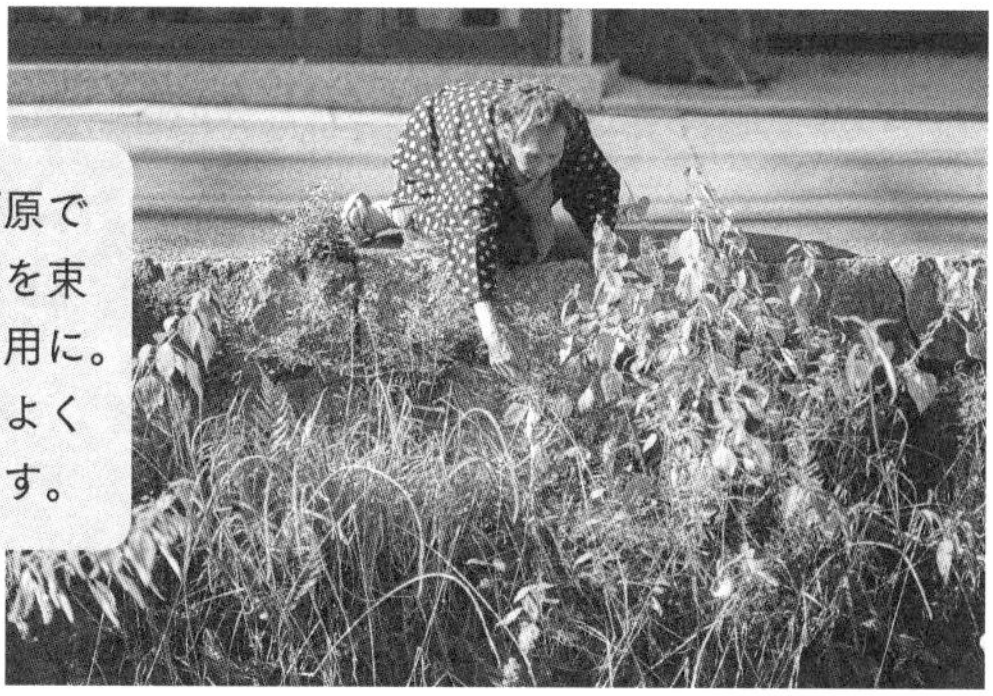

散歩中、近所の河原で摘んだ小さな草花を束ねて神棚のお供え用に。通りがかった人によく辻説法もしています。

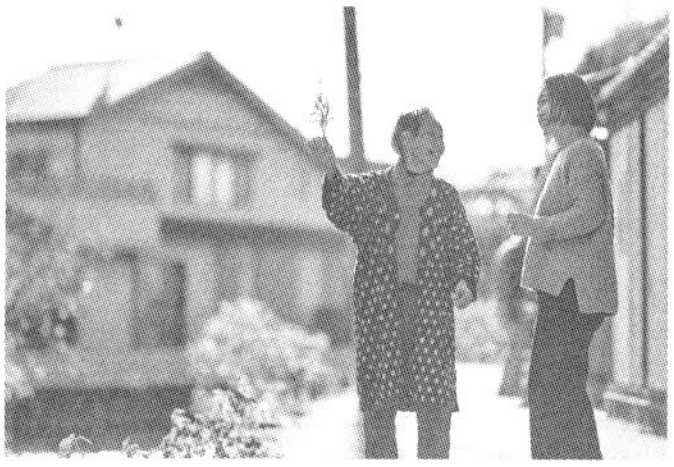

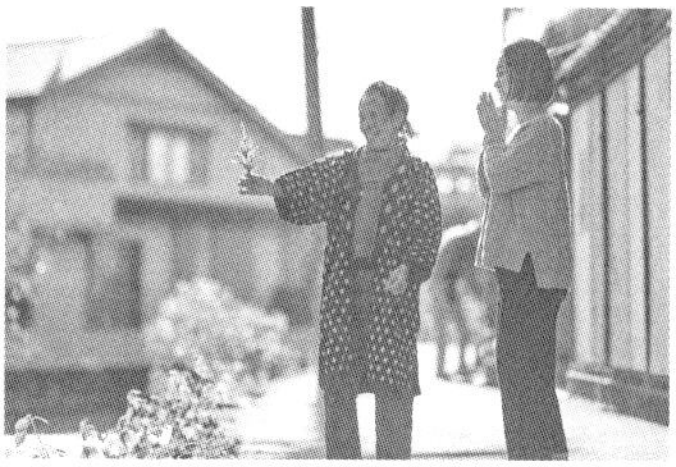

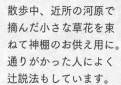

ばあちゃんの行くところ揉めごと一切なし

来る者は拒まず、去る者は追わず。

これがばあちゃんのモットー。

困りごとを相談されたら、とことん教えてあげるけれど、一円のお金もいただきません。


シェアハウスの住人から「階段から落ちて、痛いとこがあるんだけど、おばあちゃんどうしたらいいですか?」って聞かれた時は、「それだったらヨモギの湿布でもしなさい、生姜湿布や生姜油もいいよ、痛みが取れるから」と、それくらいは教えてあげる。だからといってそれ以上ベタベタとせず、さらっと、さらさらっと付き合っています。

とてもいい子たちで、いい関係です。

「地震か何かあったら、おばあちゃん一緒に避難しましょう」って言ってくれる。

だから今の家の住み心地は最高だと思っています。

誰だって、家族の中での揉めごとは嫌なものですよね。ちなみに、ばあちゃんの行く所はまったく揉めごとが起こったことはありません。

というより、昔から愚痴や悪口、陰口を言う人は避けて通って生きているから、サッパリさらさら。

争いはダメ。うちは夫が亡くなって20年経つけれど、ばあちゃんは、夫の身内とも仲よくさせてもらっています。

夫はいなくなっちゃったけれど、向こうは私を大事にしてくれているし、私も大事に付き合いをしています。

世の中には今現在、争っている人たちもいるけれど、争うこと自体は肉類を多く食べている限り収まらないというのが、ばあちゃんの持論。

冗談みたいだけど、牛を食べればモウモウって不平不満を言う、豚を食べればブーブーと文句ばっかり出る、鳥を食べたらケッコウケッコウってうるさくなる……人は、食べた動物の習性が体と心、精神の中に入るからなのか、似てくるのだと感じています。それに牛と豚、鶏は基本的に一緒に飼うのが難しいもの。さらに言うと、ほとんどの牛は牛舎、豚は豚舎、鶏はケージで、ストレスと苦しみのなか育っています。

ばあちゃんは、うちの近くのラーメン屋さんに毎日40～50人も並んでいるのを見ると、本当に心配になってきます。肉を食べたら、憎々（にくにく）しい人間になる。野菜を食べたら、優（やさ）しい人になる。にくにくしくなると争いが始まるけれど、お互いに優しくなったら争いはなくなるのです。

知らない人にもストレートに言うだけ

人付き合いのコツは、しいて言えばさっき書いたようにオープンであること、サラッと付き合うことくらいだけど、ばあちゃんはいつも目の前にいる人間とそのまんま相対しているだけ。

縁のある人はどんな人でも仲良しになれる。

京都はいま外国の観光客が大勢。銭湯への行き帰り、バスに乗ると、彼らは席をさっと譲ってくれるので、「ありがと、サンキューベルマッチ」と手を合わせてお礼を言うと、パッと明るく喜んで、バスの中が楽しくなる。

第3章

ばあちゃんは人にも自分にもストレス知らず

言葉が通じなくても、笑顔は世界に通じるパスポート。

バスの中でも退屈しません。

日本の若い人も親切だけど、外国の人も親切です。

ばあちゃんは、京都に観光に来ている子たちにも声をかけます。

若いカップルを見た時、色が真っ白い貧血そうな女の子だったら、「あんたちょっとおいで」「あなたたち、結婚するの?」「付き合っているの?」と。

この前に声をかけた女の子は、「はい、付き合っています。結婚は、わからない」って言うから、「そうか、あんた貧血だね。治さないと結婚しても幸せになりにくいんだよ」って教えてあげました。

「子どもが欲しい場合、授かりにくいし、生まれにくいし、夫婦がうまくいきにくいよ。だから今、離婚がものすごく多いでしょう。それは、血が悪いからだよ。貧血だからだよ」って。

こうやって知らない人にもストレートに言うと「貧血、冷え性ってどうしてなるんですか?」と質問を返してくれるから、辻説法を続けます。

「肉を食べ続けていると、血液が酸化現象を起こして汚れてくるから悪性の貧血になってしまうんよ。肉や卵を食べると、今度は甘いものが欲しくなって、甘いものに走る。すると、赤血球がどんどん壊れて溶血性貧血になる。血液が粘って流れも悪くなって、いろんな悪い症状が出てくる」とか

「砂糖と果物を食べ過ぎると再生不良性貧血に繋がる。それに溶血性の貧血にもなりかねない。溶ける血と書いて、溶血性貧血だよ」

「これらがどんどん重なると今度は、もう癌だよ。子宮がん、乳がん等々。卵巣のう腫、チョコレートのう胞に繋がる心配もあるんじゃないかと、私は思ってるんだよ」

「だから肉と砂糖は百害あって一利なしだよ」って。

特に観光地の食べ物なんて、お金を出して病気と不幸を買って帰るようなものだとばあちゃんには思えます。

今の人は食べたり飲んだりしてるものが本当にひどすぎるから、貧血、冷え性、便秘症、低血糖症、低血圧症の人が多いし、おりものに異常があったり、生理痛もひどい、そして冬は低体温症になってしまう。

だから「気をつけてほしいんよ」ってストレートに、初対面の人にだって、たった一人の人にだって、話して教えています。

その人のことを想えば聞いてくれる

妊娠した人がパン屋さんに入ろうとしていた時も、ばあちゃんは声をかけます。「ちょっと、おいで」って。

そして、「赤ちゃんはあとどれくらいで生まれるの?」って聞きます。「あと2ケ月」とか答えてくれるから、「じゃあ甘いパンより、お米やお味噌汁、お漬物を食べる生活しないと、お産が大変になるよ。赤ちゃんも可哀想なんだよ」って、立ち話をしながら食べる物の大切さをコンコンと伝えます。

若い男の子にも声をかけます。

「知らないと思うけど今の日本の食べ物や飲み物はひどいんよ。あんた達が歩きながら食べたり飲んだりしている物には、体に毒と言われてる物もあるんだよ。甘いジュースや炭酸ジュースは血や血管を悪くしたり、血栓の原因にもなるし、精子が死んじゃうこともあるから食べ物の勉強をしてほしいんよ」って。「え⁉精子が死ぬんですか」「当たり前じゃないの。がっちり砂糖の入ったジュースが影響して精子が奇形になることや、子どもが生まれない可能性もあるし、大変だよ」

ばあちゃんは、そんな話をします。

すると、男の子も女の子も、けっこう座り込んで真剣に聞いてくれることもある。

その人のことを想って伝えれば、若者もちゃんと聞いてくれるものです。

心が歳を取らない理由

昔のお坊さんは、お金も何ももらわず、辻（道ばた）やお寺で説法をしていました。お坊さんじゃなくても昔の人は、ばあちゃんのように普通に説法していたものです。

時々「ばあちゃんは、お医者さんですか？」って聞かれるから、「医者じゃないよ、ここら辺のばあさんだよ」って言って笑いとばしてます。本が出ていることは一切言わないから、不思議そうな顔をされるけど（笑）

ばあちゃんが伝えたいのは、医者みたいなことよりも、「家に帰って革命を起こしなさい。食べ物の勉強をしなさい」ということ。
革命とは、台所に立って自分の食べる物を作ること。
私はそれを基に、いつも同じことを書いたり言ったりしてるだけ。

ばあちゃんが子どもの頃はラジオもテレビもなかった時代で、母親の話や親類のおばさん、おじさんの話を聞くのが楽しみなものでした。私自身も今、昔の話をするのは好きでやめられません。

それに辻で食養のことを教えていると、若い子からエネルギーをもらえるのも嬉しいことのひとつ。だから、ばあちゃんの心はあまり歳を取ってないのかもしれません。

師の教え

台所は“生命の薬局”なのです

私の師である桜沢如一の『食養人生読本』(日本CI協会)にすばらしい教えが込められているので一部紹介します。

~引用~

妻たる人、主婦たる人が、食養によって自分を健康にし、夫を健康にし、子供を健康にすることを忘れたら、もうその家は、みじめなものです。この点で、妻、主婦、母の責任は、大へん大きいです。一家を暗くすることは、国を危くすることにもなります。世界を、人類を亡ぼす第一歩でもあります。台所は『生命の薬局』であります。主婦は『生命の薬剤師』であります。妻は一家の『健康』の舵取りであります。妻は『幸福な家庭』の舞台監督です。母は文化の設計者であります。家庭を悲劇の舞台にするのも、楽しい、喜びに充ちた、人の心を高めるような場面にするのも、妻の腕次第、心ばせ次第です。

今の時代は妻・主婦・母にかぎらないことだから、ばあちゃんは男の子にも伝えています。

郵 便 は が き

（切手をお貼り下さい）

１７０-００１３

（受取人）

東京都豊島区東池袋3-9-7
東池袋織本ビル４F
㈱すばる舎 行

この度は、本書をお買い上げいただきまして誠にありがとうございました。お手数ですが、今後の出版の参考のために各項目にご記入のうえ、弊社までご返送ください。

お名前《ふりがな》	男・女	才
ご住所 〒		
ご職業	E-mail	
今後、新刊に関する情報、新企画へのアンケート、セミナー等のご案内を郵送またはＥメールでお送りさせていただいてもよろしいでしょうか？ □はい □いいえ		

ご返送いただいた方の中から抽選で毎月３名様に
3,000円分の図書カードをプレゼントさせていただきます。

当選の発表はプレゼントの発送をもって代えさせていただきます。
※ご記入いただいた個人情報はプレゼントの発送以外に利用することはありません。
※本書へのご意見・ご感想に関しては、匿名にて広告等の文面に掲載させていただくことがございます。

◎タイトル：

◎書店名（ネット書店名）：

◎本書へのご意見・ご感想をお聞かせください。

ご協力ありがとうございました。

水のようにサラサラ生きて、冬は短い手紙を書きます

私には、知り合いのお年寄りからの相談もあります。

「うちの主人が今、大変悪いんです。どうしたらいいですか？　足がぜんぜん動かなくなっちゃって、車椅子を買わなきゃなんなくなっちゃって」

ばあちゃんの家の近所にも足腰の悪くなった人や、老老介護してる人、人工透析をしている人もいます。とても哀れで、可哀想に思うばかり。そういう人の玄関を見るとたいてい牛乳箱が置いてあります。

さすがに私も押しかけていって「牛乳が悪いんだよ。肉や卵も悪いよ」とは言えない。だけど本当は伝えたい、「お米を食べてください。味噌汁は飲

む点滴。漬物の乳酸菌は、牛乳や乳酸菌飲料よりはるかに腸をきれいにして悪玉菌を退治するよ」って。

でも勝手におせっかいしたりのめり込むのは、しないようにしています。

一人暮らしは寂しくないか、退屈しないか、不安に思う人もいるようですが、ばあちゃんは全然寂しくないし、快適、万歳。

自分が86歳の割に若いとは全然思ってないけれど、「心の元気と体の元気はある」と思っています。ただ、若さとか、そんなことはまったく関係なく、今の自分のそのまんまを生きているだけで、毎日が楽しい。86年間も生かしてもらって何の不足もありません。

京都は神社仏閣がたくさんあって飽きないし、珍しい神社やすばらしい神社を教えてくれる人たちもいます。

第3章
ばあちゃんは人にも自分にもストレス知らず

だから一人でも退屈知らず。

国立近代美術館、京セラ美術館、みやこめっせ、動物園ではいろんな行事をやっています。劇場もあって、芸能人がいっぱい来てて。

ばあちゃんは芸能人に興味がないから行くことないけれど。


それよりも、自分の好きなことで生きています。

好きな人と会って遊んでいます。

お金がかからない息子のところに行ったり、娘のところ、孫のところ、姪のところ、嫁の家、いとこの家、親類の家など、そういうことが楽しいのです。


年末年始も、正月だからって特別な料理を作ったりしないから、誰かが「おばあちゃん、私、黒豆炊いたから食べて」って持ってきてくれたら、「そうかい、ありがとう。たくさんいらないから、ちょっとでいいよ」ってもらうくらいが丁度いい。

私は孫から携帯電話をプレゼントされたけど、使わなくても人との連絡に不便を感じたことはないのです。

その理由も、人にのめり込んで親しくしないから。

寒い冬は、お世話になった人に手紙を書きます。普段は書かないけれど、寒い日は家にいるから手紙を書きたくなります。

私を講演会や料理教室の講師に呼んでくれた人たち、全国で支えてくれていた人たちに向けて。

でも連綿とは書きません。「ばあちゃん、元気にしているよ。あなた風邪をひくなよ、ご馳走喰い過ぎるなよ、飲みすぎるなよ」とか、そんなことぐらいで通じ合う友人たちです。

私は立て板に水のように話したりサラサラ生きるのが好きだから、短い手紙を書くだけ。

受け取った相手が喜んで電話をくれることや、そこで世間話に花が咲くのは、また嬉しいことです。

第4章

ばあちゃんの食はとってもシンプル

ごはんを昔に戻せば病気や介護とは無縁

気楽な一人暮らしをするには、元気が一番。食べ物に気をつけないと元気でいられません。悪いもの、病気になる元を食べていたら、一人暮らしはできない。良いものを食べるのは大切だけれど、悪いものを食べないことはもっと大切。巷は心配な食べ物で溢れているから、外食するとしても食べ方を工夫したり、信頼できるお店に行くといいんよ。

ここから紹介する食の智慧は、大人はもちろん、アレルギーが気になる小さな子を持つお母さんや、妊娠したい若い子からも、長年喜ばれてきたものばかりです。簡単なものから、しっかり取り組めるものまであるので、できそうなところからやってみてちょうだいね。

私は、過去に大病をして入院したことはありません。食べ物がない貧乏な家庭で育ったおかげで、今があると思っています。

昭和13年生まれだから、戦中に生まれ、戦後に育ちました。貧乏というより極貧で、あの頃は、貧しさが行き過ぎていました。日本中に食べ物がなくて、ほとんどの日本人は貧乏暮らし。B29が雨のように日本中に焼夷弾を落としてこの国を焼き尽くしていたなんて、嘘のようですが、本当の話です。

そんななかでも「貧しいながらも楽しい我が家。貧乏人の子だくさん」「貧乏ひまなし」——貧乏は忙しいから、全身全霊で生きる。まず、生きる力、考える力、工夫する力、努力する力が湧いてくる。だから悪いことばかりではなかったと思うんです。

今は、飽食時代になりました。喰い過ぎはいろいろな悪影響があると思いませんか。美食飽食の50代、60代は、いろんな病気にかかります。心の悔い改め、体の喰い改めをしなければ80歳過ぎまで元気で生きられるなんて思えない今の世の中。

昔は、寝たきりで死んでいく人なんて、めったに見かけませんでした。昔の人は80歳でも90歳でも現役で働いて、多くは自然に寿命が来て自然に亡くなる自然死。

ところが現代人はほとんど病気をしているから、家で亡くなることができず、病院や介護施設で病死をしています。

病気は恐ろしいものです。代わってあげることも、代わってもらうこともできないし、体も心も苦しみます。そのすべてが自分。病気は遺伝の場合もあるけど、自己責任や自業自得の場合もある。

パンだとか、ケーキだとか、そんなのばっかり食べていたら、体が続きません、命が続きませせん、健康寿命が短くなります。

私にとって世の中で一番おいしいのはご飯。二番目においしいのが味噌汁。三番目は漬物。四番目が季節の旬の野菜の副菜。それに常備菜なんかがあれば、毎日でもばあちゃんはご機嫌。飽きない。

とにかく日本食です！

疲れや悩み、ストレスもなくなるから、みんなも昔の和の粗食を食べる暮らしに戻ってほしいと願っています。

5:2:1。自然の摂理に沿うバランスに

人間には歯が32本あって、穀物などをすりつぶす歯が上下10本ずつ、計20本あり、臼歯って言います。おかずなどを噛み切る歯は、門歯って言って、上下に4本ずつ、8本あります。肉とか魚とか貝などを切り裂く歯は犬歯で、上に2本、下に2本で4本。全部足すと32本。

この歯が、本来の食べ方を教えてくれているんよ。

牛の歯は、門歯と臼歯でできているから生《なま》の草を洗いもせず、切りもせず、

煮炊きもしないでバリバリ食べます。土やほこりも汚れもついたまま。それであの体格と体力を維持して子孫を残しているからすばらしい。でもこれが当たり前。

人間も、歯の形と割合から考えると、食べ物を「5（穀物）：2（おかず）：1（肉や魚）」の割合で食べれば間違いがないということです。

それが今は逆転しちゃって、たくさんの肉・卵・乳製品・魚などを食べているから、花粉症になったり、癌になったり、子どもがアレルギーやアトピーになったりするのだと思います。

今の人たちが病気の問屋さん、病気のカタログ、病気のデパートになっているのは残念なことです。

自然の法則を破った生活、自然の摂理に反した生活をしない方がいい、ということなんよ。

2013年、日本の和食がユネスコ無形文化遺産に登録されました。ばあちゃんが思う「和食」は、現代の刺身、握りずし、天ぷらといった美食とされるものではなく、昔の日本の食文化。

親から子、子から孫へと伝わってきた、ご飯に味噌汁、漬物や旬の副食を一品か二品ほど作って暮らしていた伝統食。

一汁一菜、一汁二菜の質素賢約な食事が日本の食文化です。

日本は戦後から西洋の〝カロリー〟栄養学を教育され、現代まで至っています。

ばあちゃんはそれが大きな間違い、洗脳だと思っています。

食事のバランスも古きを温《たず》ね新しきを知る温故知新で、自分の体はもちろん、幼い子どもの命と体を救ってあげてちょうだいね。

体は水でできている。ばあちゃんは3種を使い分け

ばあちゃんは、体の中に入れる水と、入れたくない水を分けています。使っているのは水道水、川の伏流水、湧き水の3種類。

水道水には塩素とかいろいろ、ばあちゃんには訳のわからない薬品が入っているから、料理以外に使っています。

伏流水には、念のため炭を入れて浄化。酸性雨も降っているし、今の多くの農業は、農薬・化学肥料・除草剤なんかをどんどん使う慣行栽培だから、そういったものが川に流れ込んでいるとも言われているし。

だからばあちゃんはタンクの中に、水を浄化する力をもつ竹炭や備長炭を入れているんです。

湧き水は、1時間くらい車で走った山まで息子と汲みに行ってます。多くの人が来ていて、ばあちゃんもタンクにいっぱい汲んできます。

ミネラルが豊富で、水の質が全然違う。伏流水もおいしいけれど、やっぱり湧き水はすごい。

昔の井戸水もおいしかった！（今の水道水はまずいとばあちゃんは感じていま

3種類
ばあちゃんの水の使い分け

①水道水：茶碗を洗ったり、掃除、洗濯に。

②伏流水：うどんやそうめん、野菜を茹でたりする時に。

③湧き水：お茶を淹れたり、お米を炊いたり、汁物に。

す）

こうやって、「食べ物だけじゃなくて、水にも意識を持っている」からばあちゃんは忙しくしていられるのかもしれません。

だって人間の体は60%～70%以上が水分。

血液、体液、なんでもそうだけど、体は水分でできています。

それに私たちの血液は「血潮」。海水とほぼ同じです。汗も涙も羊水も小水も塩分を含んでる。

だから、体にいい水と共に、いい塩気を摂りましょう。

竹炭は1ヶ月ごとに洗って干し、カラカラに乾いたら再利用。2〜3ヶ月ぐらい使います。その後は火鉢や七輪で活用（※）。捨てなくていい最高のリサイクル。

火鉢では鉄瓶で湧き水を沸騰させ、保温ポットへ。お茶や料理にいつでもたっぷり使えます。

※濡れた炭は1ヶ月以上しっかり干さないと、熱したときパンパン弾けて火傷したり床が焼けることも！ 危険なので慣れない方は細かく砕いて土に還す方が安全です。

料理は勘と塩。減塩ブームは塩梅が悪い

ばあちゃんは、今の減塩ブームが心配です。減塩減塩って、塩が悪いように言うけれど、それについては「本末転倒、人間廃業ですよ」って、はっきり言っています。

昔の人は、とても塩を大事にして生きてきました。塩がなかったら味噌も作れない、お醤油も作れない、漬物も作れません。

それに「甘い辛いも塩加減、うまいまずいも塩加減」と、よく昔の人が言ったもので、あんこを炊く時に最後に塩をひとつまみ入れると、味がぎゅっとしまっておいしくなります。玄米を炊く時も、ひとつまみの塩を入れるか

らおいしいのです。煮物、汁物に塩を欠かしたら、塩抜けで味がぼけ、おいしいものではありません。

味を確認する時は「ちょっと塩梅みて?」と言います。「味をみてくれる?」なんて言わなかったものです。そう、料理は塩気ということ。

もうひとつ。昔の人は病気をしたら、「病気なの?どこが悪いの?」なんて尋ねずに、「あなた塩梅が悪いの?」「そうなの、私、今、塩梅が悪いのよ」というやりとりでした。

つまり、病気の人というのは、体に塩気がなくなった人。

最近は夏に水を1日1~2L飲めって言われるけど、血液の中の塩分が薄くなってますます貧血になり、フラフラになる。ばあちゃんからしたら「それじゃあまるで、水太りの生きた土左衛門だよ」って思います。

だからなるべく味噌汁や梅醤番茶で塩気を補給。

体の塩分が汗やおしっこで抜けたり、長風呂で抜けたりするとめまいを起こすから、これも「体の塩梅をよくしなさい」ということなんです。


病院がなかった時代は、どこが悪いかも病名もわかりません。塩梅が悪くなると家で養生をして、家庭（民間）療法で治していました。


冷えは万病のもと。だから体を温める智慧もたくさんあるんよ。

体を温めるにはまず穀物と旬の野菜を食べるのが大事。そこに塩気というのが、ものすごく重要になってくるんです。どれくらい入れるかは、勘で決められるようになるのが極意。今の人は、計量カップや大さじ小さじで計るけれど、昔はそんなものはなかったから、ぜんぶ勘。

その日の体調次第です。

おふくろの味がおいしかったのも、それが理由です。

昔の男性は自分のおふくろの味をよく自慢していたけど、今の人からはほとんど聞かなくなりました。

今はレトルトパックが〝お袋〟の味に。寂しい世の中になりました。

今の人が料理下手になったのは、計ったり、減塩で作ったりするからじゃないんかな。

ばあちゃんは、外で食事をいただくことがあれば、塩や醤油を携帯して、それをこっそり使っちゃいます。

今の人は、肉と甘いもん、両方の病気に要注意

「卵や牛乳、肉を食べるな」って言うと、「なんでダメなの？　みんな好きで、食べているじゃないの。それで、いいじゃない」と、言われます。
その時には、教えてあげます。

「私たちの体には真っ赤な血液がある。血液を持って生きているんだよ。体ってポカポカあったかい。あったかいってことは陽性で、36度5分の体温があるはずなんだよ。現代人は低体温で冷え性になっているけれど、牛とか豚とか鳥だって血液が流れてて、人間より高い体温でいる。だから大雪や吹雪

のなかでも彼らはオーバーも着ないし、マフラーもしないし、靴も履いていない。猿でもイノシシでも鹿でも、真冬の雪の中、咳もしない。彼らは卵1個食べないし、ジャコ1匹食べないよ。それでもちゃんと生きているよ」。つまり、「人間も、肉を食べなくても生きていけるよ」っていう話をするのです。

自然界の、肉を食べない動物は、草だけ食べててもちゃんと血液を作って、体温は人間より高いのです。鳥なんて40度以上ある。寒い日でも彼らは何も防寒具をつけず生きています。卵も肉もいらないってことを、彼らが証明してくれてるんです。

そう話すと、わかる人はわかってくれます。

ばあちゃんは人と争うことが嫌いだから、話の通じない人は相手にしません。本を出したりすると、結構バッシングも来るけれど、笑って受け止めてきました。腹は立てません。動物性食品を摂り過ぎる人は、血液が汚れて血管が詰まるからか、無意識にイライラしたり相手を攻撃したり批判したり、肉食動物の気質がそのまま現れるようなので「今は何を言ってもばあちゃんの話は伝わらないな〜」と気にしないようにしてるんです。

ばあちゃんは、「最近の人間は、どないなってんねん」って思っています。人間は一生懸命いろんな勉強しているけれど、2人に1人が癌になったり5人に1人が糖尿病になったり、病人だらけで。それに心筋梗塞、脳梗塞で突然死したり。そんな情けないことになってるってどうしてなのか、考えた方がいいと思うんよ。

動物の肉を食べたら、体が酸化現象を起こして、血液が汚れてしまう。だからかアレルギー、アトピーも多いし、病気が繋がって次から次にアレルギーマーチが起きやすくなる。

肉を食べれば甘いものが欲しくなります。街を見てごらんなさい、ステーキ屋だとか、焼肉屋だとか肉屋がいっぱいあって、その横には甘いもの屋がどっさりあるでしょう。道を歩けば自動販売機が何台も連なって。セットで稼ぐビジネスみたいじゃない？

肉を食べて体に酸化現象が起こると、喉が乾いたり、体が焼けつくようになってオーバーヒートを起こすから、甘い飲み物を体が求めるんです。そんなことをしているうちに、「口に極楽、腹地獄」の食歴が重なって、動脈硬化や高血圧、心筋梗塞、脳梗塞、癌になったり……。

それよりも、お米や、小麦からできたうどんやそうめん、おそばを食べましょう。昔の人はそういうものをちゃんと食べて生きていたから病気にならなかったけど、今の人は、お母さんが妊娠中に悪いものを食べればお産が大変になるし、生まれた子どもがアトピー、アレルギーになりやすくなる。知的障害や発達障害、自閉症などの症状も増えているように、ばあちゃんは思えて心配なんよ。今は赤ちゃんも受難時代です。大人が無知だから、子どもが可哀想なことになりかねない。

また、ほとんどの年寄りは病気を持っています。京都の舞子さんに踊りを教えていた品のあるおばあちゃんたちも、認知症やウツになって、ボケている人がいます。花街で仕事をしていた人たちは、料亭で豪華なご馳走と甘いものをいっぱい食べてきたからかもしれません。

「若い頃、売れっ子で活躍したんだろうな」「まだまだ活躍できるはずのきれいな女将さんなのに」と、もったいない気持ちになります。

あとから話すれけど、私たちは陰と陽を知る必要があるんです。体にもぜんぶ陰と陽があるし、食べ物にもぜんぶ陰と陽がある。それを知らないと、肉を食べれば甘いものが欲しくなって、甘いものが体にいっぱい入ったら、今度はまた肉がほしくなるシーソーを止められない。

すべては、良くも悪くも食べ物だから、これからまだ長い人生の人は、それをよく知って、よく考えて生きていってほしいんです。

生理が整う食事法。子どもが授かる食事法

ばあちゃんには子どもや孫、ひ孫がいて幸せです。ただ、子どもや孫がいない人は可哀想だなんてことはまったくありません。

産んだ子どもに泣かされたり、ひどい目にあっている人もいる。

一人ひとり、みんな運命が違う。その人がそういう人生を選んで生きている場合は、それでいいのだと思います。

でも、子どもが欲しくてもできない人には、「体温は？　生理の状態は？」って、まず聞きます。

「35・5度？　それは、体の立て直しをやらないとダメだよ。食べ物を変え

れば生理も整うから子どもができやすくなるよ。甘いもの食べ過ぎなら、食養の勉強をするといいよ」と、教えます。

ある時、障害者施設の職員の方から、子どもたちに料理の話をしてほしいと頼まれて、半年くらい通い、料理を一品か二品、教えに行ったことがありました。

そうしたら、その子たちの生理が半年ですごく変わったんです。おりものが少なくなったり、来なかった生理が来るようになったり、ひどかった生理痛が治ったり、とにかく良くなった。

彼女たちと一緒に野草を摘みに行って、「これがヨモギだよ、これがノビルだよ、これがツクシだよ」って持ち帰って、簡単な料理を教えたことは懐かしい思い出です。

実践すれば、障害があろうがなかろうが、体というものは不思議と変化の兆しがみえてきて、変わるもの。

施設のオーナーが「子どもたちの心と体がだんだん良くなっていく。大事なのは食べ物なんですね」って、喜んでくれました。


子宝に恵まれなかった人たちが、ばあちゃんの言うことを聞いて、子どもを授かる。そういう人も、本当にいっぱいいるんよ。

私の本、『子宮を温める健康法』『若杉ばあちゃんの一汁一菜子育て法』（共にWAVE出版）が、ものすごく勉強になるって、喜ばれています。

そんな時、本っていうのはすごい力を持っているなと、つくづく思うし、実践されて授かった人たちもまたすばらしい！

『長生きしたけりゃ肉は食べるな』（幻冬舎）という本を書いた時も、「よくぞこの本を世の中に出してくれました」って、読者からいっぱい手紙が来ました。

とてもたくさん売れたんだけど、焼肉屋さんや乳牛を飼っている所の社員やアルバイトがどんどん辞めたりしたから、売っちゃいけないってことになって絶版になっちゃいました。

だけどあの本で癌を治した体験者もいて、その人たちとは今でも繋がって付き合っています。

料理はシンプル。あれこれ材料はいらない。いい米といい塩、いい味噌、いい醤油、それに旬の野菜があったら、体も心も変わること請け合いですから、善は急げ、信じてやってみてちょうだいな。

伝統製法の調味料や油、化学的な添加物が使われていないものを揃えるのがおすすめです。（→P173）

ばあちゃんのお出汁は、動物性の鰹節や煮干しではなく植物性の昆布のみ。湧き水に浸けて用意しておきます。

心と体を立て直す食べ方

今、40代50代の突然死がものすごく増えていると聞きます。

60代までは働き盛り、気をつけてもらいたいと思います。

突然死といっても、5年、10年、15年と年月をかけて大変な病気を患っているのに自覚症状がなく、体の中に病気が牙を剥いて潜んでいることに気が付かなかった人たちも多いはず。

動脈硬化、糖尿病、癌、心筋梗塞、脳疾患、人工透析の予備軍には若い子たちもいっぱいいると言われています。

ばあちゃんは、一日も早く伝えたいです。「食養をやりなさい」って。

基本的には穀物菜食を中心にすること。
肉・魚・卵は、絶対に禁止だとは言わないから、食べる場合は次のようにしてみるのがオススメ。できるところからでオッケイです。

卵だったら有精卵を探してみましょう（スーパーで売っているのは、ほとんど無精卵）。

魚は養殖じゃなくて、旬の新鮮な天然の白身魚にするとか。海の魚よりも川魚の、鯉や鮎、やまめが安心。

魚卵はなるべく避けたいもの。すじこやいくら、たらこ、数の子など、特に一般的な市販品は加工の段階で、化学調味料のアミノ酸や色素やら発色剤やら保存料、いろんな添加物が加えられています。

干物や丸干しも控えた方がいい。魚を味噌や醤油で漬けたものは、魚のタンパク質が老化して、魚の脂も酸化しているから、食べると血液が汚れてしまうんよ。

食べ方も「昔ながら」を参考に。

冬は鍋物に野菜をいっぱい入れて、肉や魚をちょっと加えて食べるのが良いね。

魚だったら、お塩を振って焼くか、煮て食べる。

どうしても肉を食べたかったら、唐揚げとか豚カツはやめて、鍋ものや、すき焼きぐらいで。ネギや白菜など季節の野菜どっさりと、春雨、くず切り、糸コンもたっぷり入れるのを忘れずに。

一番危険な食べ方は、肉や魚を揚げること。

バターやラードも控えたいもの。酸化した油が体の中に入るとなかなか溶かすことはできないのです。

いま心筋梗塞の人がすごく増えているのは、脂肪が心臓の周りの冠状動脈にいっぱい溜まるから。有精卵と言えども卵や肉のコレステロールは、溜まりがちなんです。

植物性の油でも、フライなどに使うと、パン粉が油をものすごく吸収するから、体の中に油が溜まりがち。それらが過酸化脂質となって、これも血栓の原因になるんよ。

その家の食べ方の傾向は、換気扇を見ればわかります。

病人が出る家の換気扇は油でベタベタ、健康な人が住む家の換気扇は一年経ってもそこそこきれいなものです。

飲み物は、一般的な市販の甘いジュースや炭酸ジュースだと砂糖のほか人工甘味料などの食品添加物が多いので、一切やめた方がいい。

こってり甘い缶コーヒーとかも飲まないで、家で沸かしたお茶に切り替えましょう。

果物の食べ過ぎも要注意。おいしいからって、ブドウを一気に一房まるごと食べちゃうようなことをしていたら、血液がどんどん悪くなっていきかねない。

貧血、冷え症、低体温、便秘症、低血糖症、低血圧症、生理痛、おりものの異常、不感症、それから無月経、不妊症、セックスレス。

こういう不調などを引き起こすのも、食べ物や食べ方の違いです。

昔の貧血は鉄欠乏性貧血だったけど、今は肉、卵、牛乳、乳製品や養殖の魚とか魚卵とか干物を食べて、血液が汚れた悪性の貧血が増えたり、重症化していると、ばあちゃんは思っています。

とにかく、40代、50代、60代は、今だったらまだ間に合うのだから、心の悔い改め、口の喰い改めをしていきましょう。

旅行やスポーツやオシャレよりも、視点を変えてお米、野菜、調味料を良いものに変え、台所から革命を起こすんです。

かけがえのない人生を棒に振ってダメにしないで、自分の心と体の建て替え、立て直しのため、一人ひとりが目覚めてほしい。

「食」の漢字は、「人」と書いて「良い」と書きます。

一日も早く「人に良い食」に目覚めて前進していきましょう。

バランスがとれる中庸の食べ物

これまで食養に触れてきたけれど、ばあちゃんは、その元となっている「陰陽」も一緒に教えています。

けっきょく行き着くところ、人生はすべて陰陽だと思っているから、ちょっとだけ説明してみます。

食養は、食事法や病気治しというより、自然と共に生きる生活法であり、日本人が培ってきた伝統であり、生きる智慧、生き方そのもの。

その背景にある「陰陽」は、中国で五千年以上、万物と宇宙の動きを観察して共通の理を見いだしてきた、智慧の結晶なんです。

自然界も人間社会も、森羅万象を成す原理であり、自然の摂理にかなっているといわれています。

「陰は悪くて陽は良いもの？」と聞かれるけど、陰と陽は対立するものではなく、裏と表、表裏一体のペアー。


そして、物事にはすべて陰陽が当てはまるんよ。

たとえば重たいものは陽性、軽いものは陰性という具合に、全部に陰陽があるんです。長いものは陰性、短いものは陽性。男は陽性、女は陰性。年寄りは歳を取ってもう人生が短いから陰性、子どもはこれから成長するから陽性。性格の明るい人は陽性、性格の暗い人は陰性。雨にも陰陽があり、しとしと降るような霧雨は陰性、土砂降りは陽性です。

味にも陰陽があり、塩を舐めると体がキュッってしまるから陽性。砂糖は舐めると口の中に甘いものがプワーッと広がって体が緩むから、陰性。

天と地にも陰陽があります。大地はものが育つところ。母なる大地は陽性です。天にあるものは掴めません。太陽も掴むことができないし、月も掴むことができない。空気は目に見えないから天は陰性。

陽性の大地にものを植えれば育ち、天から太陽のシャワーが降り注ぎ、雨が降ったり風が吹くことによって、春夏秋冬の野菜ができたり、お米などの雑穀ができる。太陽の恵み、水の恵みに土の恵み。

このように、すべては陰陽の世界なのです。

体が健康な人は陽性。病気をしている人は陰性。

生と死も陰陽。

生まれるということは陽性、死ぬことは消えてなくなるから陰性。

そして、食べ物には陰と陽と、どちらでもない「中庸」があります。

人生に中庸があるんじゃなくて、食べ物に中庸があるんです。

中庸の食べ物とは、ひと言でいうと「昔の食卓」。

ご飯、味噌汁、漬物などの副食、常備菜といった昔の人間が長い年月食べてきたものが当てはまるんよ。


ばあちゃんの教室では、陰陽表を使って陰陽の話を進めています。

たとえば、菜っ葉類は陰性。夏にできるものは体を冷やすから陰性。冬にできるものは体を温めるから陽性。

表の端っこと端っこには「極陰性」と「極陽性」があります。

代表的なものだと、亜熱帯産のパイナップルやバナナは、日本ではほとんど育たないから極陰性。

また、ガスの火は青いから陰性、炭の火とか薪の火は真っ赤だから陽性、電子レンジの電磁波は紫色だから極陰性。

中庸のものを食べると自分もだんだんバランスがとれて中庸になるのです。

口に極楽、腹地獄。病気は食歴。

自分が年月をかけて食べてきた歴史により、病気になる可能性があります。

病気の人や、予防したい人は、P170の陰陽表を手元に置いて、ぜひ役立ててちょうだいな。

中庸は昔の人の伝統的な食事で、体と心のバランスがとれます。

温故知新で、ご飯中心の食生活へと見直しましょう。

の陰陽表

庸 → 陽性 → 極陽性
調味料
自然塩
しょうゆ
味噌
梅干し
玄米
そば
ひえ
あわ
赤米
ごぼう
にんじん
れんこん
じねんじょ
たんぽぽの根
中庸
海藻
ひじき
のり
昆布
わかめ
魚介類
近海の魚・川の魚なら
たまにならいいよ

食べもの

※食品の並びは目安です。
※同じ食品でも産地、季節、農法、品種、調理法により陰陽は変わります。

＼安心おいしい／

調味料の選び方・使い方

味噌・醤油	できれば3年位は熟成されたものがおすすめ。この２つの調味料は、細胞を元気にする働きを高めたり、陽性な血液をつくってくれるんよ。
塩	精製されていない、ミネラルが含まれた自然塩を選ぶと、発熱現象が起こり、からだを温めてくれます。「減塩は本当の健康を手に入れることはできない」が､ばあちゃんの持論｡味覚で「おいしい」と感じる塩梅を大切にね！
油	昔の日本人が使っていたのは国産の「菜種油」か「ごま油」。この２つの油は風味が良く、比較的安心して使えます。ただし揚げ物はぜいたくな料理なので控えめに。
醸造酢	酢は陰性なので、使う前にさっと火を入れるのがおすすめ。もしあればクエン酸が含まれる梅酢を代用しましょう。
酒	ばあちゃんのお気に入りは、米・米麹・水だけでつくられている純米酒。天然のアミノ酸が豊富に含まれているから、使うと料理の旨みがアップするんよ。
みりん	国産のもち米・米麹・焼酎でできたシンプルなものを選ぶのが◎　原材料表示をよく見て確かめてみましょう。
砂糖	白砂糖や三温糖は避け、甘みをつけたい時は、「てんさい糖」や「米飴」に。火にかけてアルコール分を飛ばした「煮きりみりん」を作り置きしておくのも便利だよ。

いい調味料は高価だけど、ちょっとの量で味が決まる！

付け合わせで工夫

体への負担を減らす食べ合わせ

動物性食品全体	醸造酢、こしょう、にんにく、ねぎ、生姜、香辛料、果物、生野菜		
肉（牛、豚）	じゃがいも、トマト（肉食する人のみ）、にんにく、ピーマン、唐辛子、玉ねぎ、りんご、にら、ねぎ、生姜、きのこ		
鶏、たまご	白ねぎ、きのこ、にら、のびる、玉ねぎ		
魚	大根、生姜、わさび、青じそ、みょうが、さんしょう、海藻、ごぼう、かんきつ類、梅干し		
貝、えび、かに	レモン、夏みかん、かぼす、すだち、ゆず、海藻、醸造酢	**たこ、いか**	生姜、わさび
餅	大根おろし	**ごはんの食べ過ぎ**	りんご、大根おろし
油	大根おろし、かんきつ類、野草	**砂糖**	梅干し、梅酢

梅干しは
塩だけで漬けた
昔ながらの
ものがいいよ

第5章

人生は今日と明日のくり返し

「好きこそものの上手なれ」で、人生を豊かに

「食養って知らなかったけれど、この歳から始めてもいいかしら?」って聞いてくる人がいます。

やりたい時が人生のチャンス。

食養のみならず、「六十の手習い」と言って、好きなことや勉強を始めるのに年齢は関係ないのだから、やりたいことをやればいい。

ばあちゃんもこの歳になるまで、いろんな場所でいろんな活動をしてきました。静岡では、川の汚れを減らすために、長靴と火ばさみでゴミを拾った

り、手作り石鹸運動をしたり。さまざまなボランティア活動のなかで、自然の野草のチカラに出合ったんよ。

食養を世界に広めた桜沢如一の教えを学び、50代前半に静岡市内で「命と暮らしを考える店・若杉」をオープン。店で料理教室を開いたら、またたく間に大人気となったものです。

その後、京都の綾部で山里暮らし。自給自足で米や野菜を作り、料理教室もやっていました。次第に全国各地から依頼があってお話会をしているうちに、出版社から頼まれて本を出すことになったんです。

80代に入ってからはひとり大分へ移住し、3年くらい暮らしたり。

そして数年前、京都へ戻り、観光客がいっぱい来る都会で、それもまた楽しく自分らしく、気ままに生きています。

自由なことはありがたいものです。

人生はいくつになっても変えられる

さっきの話をもう少し詳しくすると、まず、ばあちゃんの夫は昔気質の人間で、勤めに出させてくれないし、バイクも車の免許も取らせてくれませんでした。私がいつかどこかに行ってしまうかわからない性格だっていうことを知ってたからだと思うけど、働きに行かせてもらえない専業主婦だった。

でも人間関係や人付き合いはいい方なのでたくさんの友人に恵まれ、パンやお菓子の作り方を教えてもらっていた事もあり、子どもは喜んでいました。

次第に私はボランティア活動を始め、仲間もたくさん増えて良い経験ができました。

夫は朝ごはんを食べたあと出勤するけど、会社が近かったので、昼も夜も帰ってくるから食事の支度は大変だったけど、そういうことをやりくりしながら、一生懸命にボランティアをする日々。

災害があるとワーッと一斉に行くボランティアとは違い、いろいろな活動をやっていました。体を動かすのが好きだったからで、世の中は高度成長期でバブルだったけど、お金が欲しいとはさらさら思いませんでした。

お年寄りに弁当を配る活動を6年やったり、病院でシーツ替えを2年やったり、病室のお掃除や老人をお風呂に入れたり服を着替えさせてあげたり。職員の人たちは手が足りなかったので大変喜ばれました。

石鹸運動では、5年ぐらいで2000人以上の人々に作り方を教えたり。あれから数十年になるのに今も手作り石鹸を作って広めてくれている人がいるのは嬉しい限りです。

川のゴミ拾いは2年ぐらい続けたら綺麗になって、魚たちが戻ってきました。そのことを街の人が知るようになり役所の人が来て、「若杉さん、広報誌に載ってください」と言われたので、「私を載せるんだったら、川のゴミ拾いをやめます」って断ったことがあります。私が川の清掃をやめてからは、町内の年配の方が2年か3年はやってくれたので、ありがたかったです。

そうこうしながら「命と暮らしを考える店・若杉」を開店しました。開業資金は、へそくりを持っていたから自分で用意できてしまったのです。

静岡市の商店街の一番寂しい、どん尻のところに店をオープンしたので、そんなに開業資金はかかりませんでした。

夫は、「店はすぐ潰れるだろう」と予想していたようですが、私が店で料理教室を開くと、ぼちぼち人が来始めました。「体、食べ物、病気には陰陽があるんだから勉強した方がいい」と、陰陽の勉強会もしたものです。

最初は、隣近所の人、町内の人、たくさんいるボランティア仲間に声をかけ、そういう人たちが買い物に来てくれました。そうして少しずつ少しずつ人が来るようになったけれど、普通の人は「なんの店？」って少し覗いただけで帰っていきます。玄米、味噌、塩、醤油、酢、油、土鍋、七輪、炭、石鹸しか置いていなくて、インスタント食品やお菓子は売らない自然食品の店だったから。それでも店は、よく繁盛しました。

京都の綾部へ移ったのは、P96でも書いた安藤昌益の言葉「米は人なり、人は米なり。米を作らずして買って喰う奴は天下の大盗賊である」の影響です。田舎に移住して米を作りたい、野菜を作りたいという気持ちが強くなり、夫を説得して田舎の物件を探しまわることにしました。私と娘と孫とで全国8県を駆け巡った家探しの旅は想像以上にわくわく楽しい日々。

車に米、味噌、醤油にうどん、そうめん、土鍋、七輪、炭、卓上コンロを積み込み、川原や公園、人のいない所でご飯を炊いたり、うどんやそうめんを茹でたり。ある時は、小さな安い旅館に泊まって部屋でほうとうを作っていたら「いい匂いがする」と言われたり。そうして一年以上かけて探し求めたのが綾部の家。綾部には「大本」があり、開祖の出口なおさんと出口王仁三郎さんに心が強く惹かれたのも決め手になりました。

ひとり大分に移住したのは、亡き夫が私の古里に移住することを強く望んでいたからです。私も帰巣本能が働いて決断しました。

別府・鉄輪《かんなわ》の温泉地に住み、毎日百円玉を持って掛け流しの温泉三昧。住めば都。地域の人々と仲良く楽しくしていましたが、コロナ禍で世の中が騒然となり、京都へ戻って今の暮らしをしています。

さあ皆さんも、何歳からでも、やりたいことをやりましょう。

第5章

人生は今日と明日のくり返し

快食、快便、快眠。終活もスッキリ

ばあちゃんは、快食、快便、快眠の毎日。
終活も含め、毎日の特別な習慣は特にないんよ。
朝は、顔を洗って歯を磨く。そんなことは習慣とは言わないでしょう。
毎日、やるべきことと、やりたいことをやっているだけ。

昔は洗濯機なんてなかったから、子どもがたくさんいたって、たらいに水を張って洗濯板でゴシゴシ洗濯をしていました。
ばあちゃんは今、一人暮らしだから洗濯機なんて必要ありません。バケツで手洗いしています。1ヶ月に1回くらい、毛布やシーツを洗う時は、共用の洗濯機を使わせてもらって。

人間は死ぬまで頭と体を使わないとダメ。そうしないと、体は弱って早く逝っちゃうのです。健康法で使うような体の使い方じゃなくて、行きたい所に行き、やりたい事をやり、日常的にこまめに体を動かしたらいい。

よく、健康のために万歩計をつけて歩く人がいるけれど、ばあちゃんはつけません。体を鍛えようとも思ってないです。歩くとお腹がよく空くから、ごはんがおいしい。だから、歩いてるんよ。冬は寒いからいっぱい着込んで神社仏閣へお参りに行ったり、夏にも時々行っては、成長期で手もつけられないような、ぼうぼうに生えている草を取ったり。

畑には、夏になると体を冷やす野菜がいっぱい成り、冬になったら体を温める根菜類が成るからそれを食べるだけ。寒くても穀物をよく食べて、根菜類をしっかり食べれば、体があったまって元気になる。ばあちゃんは、そういうことを知っているから、ありがたい人生なんです。

火鉢があれば煮炊きもできるし、ポカポカあたたまることもできる。それに冬でも日当たりがいい部屋だから恵まれてます。

いま住んでる京都は、賑やかな街だから人を眺めるのも四季が巡るのも楽しいし、神社仏閣がいっぱいあるから、家の周りを毎日散歩しても飽きないのがいい。それもあってたくさん歩ける。

そしてよく眠れます。夜中は必ず目が覚めるけど、それは野草を食べているからだと思います。というのも、野草は早く眠って早く目覚めると言われてるんです。野草の目覚めは丑三つ時だそうで、私もまさに丑三つ時（2時半頃）に目が覚める。これも何十年と続いているので仕方がありません。そして2時間くらい、本を引っ張り出したり、タンスのものを引っ張り出したりして、これを洗おうかな？とかしばらく考えたりしながら起きている。そのうちまた眠くなってくるから、30分か1時間くらい寝ちゃいます。そして、4時か5時頃にスッキリ目覚めますから、ありがたい。

ところで「終活」っていうのが流行りだけど、ばあちゃんはそもそも物を持っていません。片づける物がないから終活の必要もないのは楽ちん。肉食の人は物をたくさん持っているうえに、「欲しい、欲しい」と、「見た物乞食」でなんでも欲しくなる人が多いから家中に物が溜まるようです。

肉食の人は、とにかく食欲、性欲、地位、名誉、財産を求めがち。肉食の政治家は金で政治をしたり戦争をしたり。

政治家は国民の健康と財産を守るために国民から選ばれているはずなのに、

悪いことばかりして、うんざり、がっかりです！

ばあちゃんは、暇とお金がある人、飽食の人は、人生を終える時、いい人生、充実した人生だと思えないんじゃないかと心配です。お金も大事なんだけど、お洒落や外食、また健康のためにわざわざスポーツジムに行ったり、レジャーや海外旅行にお金をかけるなんてもったいない。

食べたい人はどうぞ飽食をしてください。からすの勝手なんですから。でも遅かれ早かれ、きっとある日突然、自分の身によからぬ出来事……病気、不幸、災難に合うことになると思うんよ。

自分から出たものは自分に返ってくる。善を行えば善の巡り、悪を行えば悪の巡りが来るから怖いですよ。因果応報。巡りて回るのです。負のループをなくせば皆さんの人生も終活もスッキリしていくはずです。

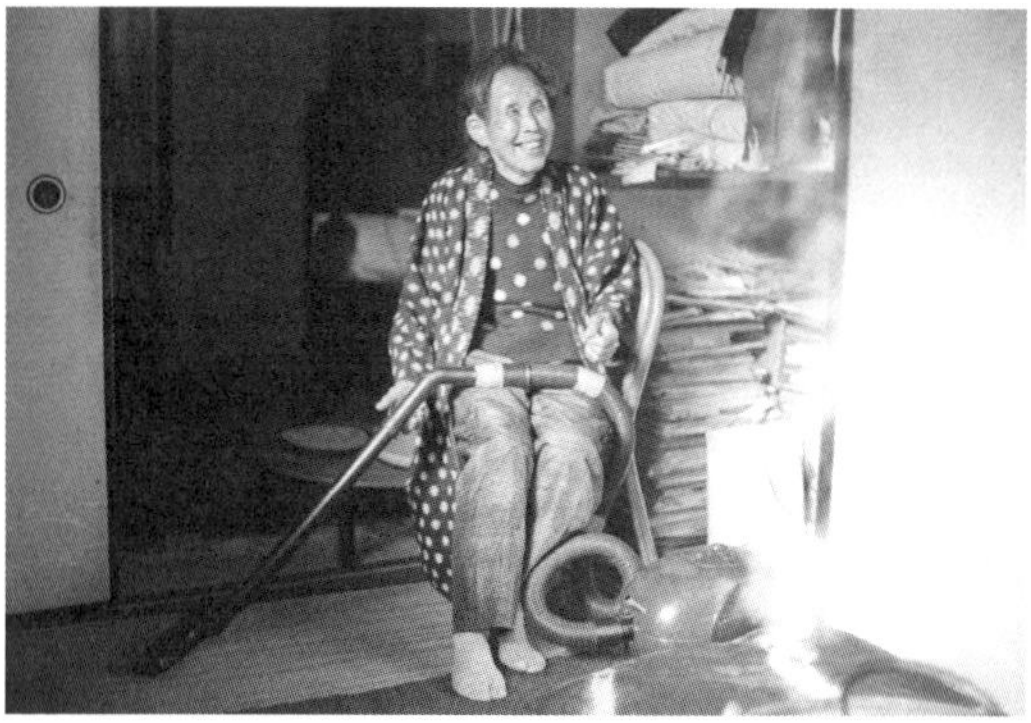

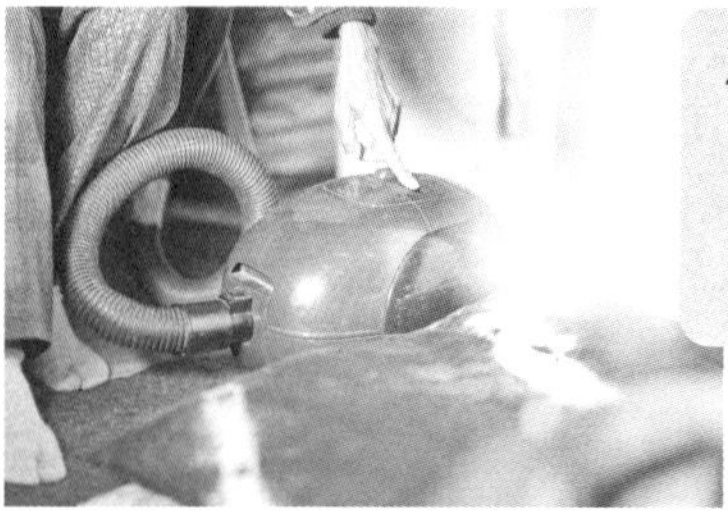

40年前の掃除機が今も現役。敷いているのは外国の軍もののラグマット。

服や布バッグはこのタンスに入るくらいの量が基本。家具や器は古くてもお気に入りだけを選んでるんよ。

昔の食事と暮らしを取り戻すことが、備えになる

2人に1人が癌になる時代、認知症700万人時代。——ということは、この国は本当に危ないです。若い人の若年性認知症（アルツハイマー）も増えていて、認知症は年寄りの病気でもなくなってきています。それだけじゃないですよ。うつ病や子どもの不登校、いじめ、自殺も増加しています。

病院で働き、脳の血液の検査をしている姪が教えてくれます。

「ばあちゃん、認知症はもう年寄りだけの病気じゃないよ、50代、60代も介護施設に入ってるんだよ。家族は悲惨だよ」

40代~60代は人生で一番大事な時期。まだ先があるんだから、今のうちに昔の食生活をもう一度取り戻しましょう。

このことを肝に銘じないと、もっと大変な事になりかねない。

カロリーでの栄養学を考え直し、ご破算にしましょう。このままでは、日本は病人で潰れてしまう。こんなことでは日本の先人やご先祖さんたちに申し訳がたちません。

昔の人は癌になったか？　糖尿病になったか？　人工透析していたか？　若者や子ども達がアレルギーや花粉症で苦しんでいたか？　昔は、そんな人はほとんどいなかったのです。その理由は食べ物が良かったからです。

食べているものが悪ければ、体は悪くなって当たり前。

良い物を食べることは大事だけど、悪い物を食べない事はもっと大事。

スーパーに売っているリンゴやナシやモモが、いつの間にか巨大化したことに気づいてる人はどれくらいいるんかな？

果物は糖分がものすごく増えて、お菓子より甘いものもある。こういうことを、おかしいと思わなくちゃいけない。

種なしスイカや、種なしブドウっていうのもおかしい、とばあちゃんは思います。人間がバイオテクノロジーなどで遺伝子に勝手に手を加えて種をなくしたら、それは本来の果物とはいえるんかな？

砂糖の入った和菓子や洋菓子を好んで食べている人たちが、糖尿病になったり脳をやられています。ご家族に「この人は何が好きだったのですか？」と聞くと、たいてい「お菓子やケーキが大好きでした。もう、やめられなかった」と教えてくれます。

自分の体を守りたかったら衣食住のうち、自分の体に直接つけるものも改めましょう。安かろう悪かろうに走っている人が多くて、ばあちゃんはア然、ボー然、がっかりです。

洗剤や化粧品は、石油系でできているものが多く、その成分が肌から吸収されてしまうと言われているんよ。洗髪は安心な石鹸シャンプーに、洗濯洗剤も化粧品も、自然派のものが増えてるから、そういったものを使ってみてちょうだいな。

ばあちゃんは特注の固形石鹸で頭も洗っちゃいます。リンスはいりません。肌着や下着は綿が良いと思います。石油からできているナイロン、アクリル、ポリエステル、ポリウレタンはなるべく避けたいもの。

また、暮らしを支えるエネルギーは、これから厳しい時代がやってきます。高騰したり、なくなる可能性があるから、電気を作れなくなって、計画停電や何らかの停電、他にもいろいろ厳しいことが起こりそう。2022年の3

月3日に台湾で約550万世帯がいきなり停電したっていうニュースがありました。これから日本でも起きうることです。懐中電灯も大事だし、ろうそくも備えておくといいと思います。

エネルギー問題が国会でもやっているように、ガソリンや灯油がもっと高くなるだろうし、円安が進んだらとんでもないことになると思います。

今や、目先のことだけで生きていたら泣く羽目になる。

備えあれば憂いなしです。

＼＼肌に触れる／／

日用品も見直そう

- **洗剤→**パーム油、ヤシの実など植物由来の成分が使われていて、「合成洗剤」の表記がないものに
- **シャンプー→**「石鹸シャンプー」と書かれたものが安心。いろんな会社から出ています
- **肌着・下着→**綿（コットン）が◎　ナイロン、アクリル、ポリエステル、ポリウレタンは△

言葉と行いで四苦八苦を断ち、笑顔の自分に

万葉集の歌に「大和の国は　言霊の幸《さき》わう国ぞ」という一節があります。これは「日本は、言葉が持つ力によって幸せになっている国」という意味だそうです。「言霊」と言われるように、言葉には魂が宿っているから、悪い言葉を使えば人生が悪くなります。いい言葉を使えば、良くなるのです。

行いにも魂が宿ります。貧乏だろうが、金持ちだろうが関係ありません。ほとんどの人間はみんな神様からいいものをもらってこの世に生まれてきているのだから、自分で病気をつくったり、不幸に悩んだりするのはやめましょう。誰かの責任ではないのです。

ところで最近は、政治、経済、科学、医療、農業にしても、教育にしても、軍備にしてもちょっと度を越して行き過ぎて、異常だと思いませんか。

このままじゃ、子どもの未来を大人たちが潰しているようなもの。

メディアにしても、多くの情報が間違ってると思えるのは、ばあちゃんだけじゃないはずです。昔はテレビも番組内容がよかったから放映が楽しみなものでしたが、今は過激というか、見たくないものが多い……そう感じるのは私だけでしょうか？

今の世の中は、大人たちの常識や当たり前が狂っちゃっているから、子どもたちは可哀想だと思います。子どものためになんとかしないと、申し訳がたちません。ごめんなさい、ごめんなさいです。

お釈迦さまは、四苦八苦を教えているけど、人生は苦ばかりじゃありません。自分達で四苦八苦をつくって苦しまないで、四苦八苦をつくらないような世の中にしたり、四苦八苦をつくらない自分になっていきたいもの。

そのためにも食養の教えは役に立つんよ。

ばあちゃんは、どんなことがあっても明るく笑って生きていきたいと思っています。

笑顔は世界に通じるパスポートでもあるし、なにより、幸せに生きるパスポート。だから、お互いに笑顔で生きましょう。

それに笑顔をつくるのは「ただ」なんだから。

ただほどありがたいものは、ないですよね。

あの世に行くのも喜びだなと思える理由

ばあちゃんは、生まれるのも死ぬのも自然だと思っています。86歳にもなったんだから、もういつ迎えが来てもいい。

病気になったからとて、昔から医者には行きません。医者に薬や注射をしてほしいとも思えず。

私の場合、病気は天や体からのお知らせであり警告だと捉えて、「ごめんなさい」と反省をします。

残したいものも、何もありません。こうして本を書いているけど、家に私の本はなく、いつ捨ててもいいようなものしか置いていないんです。欲しい

第5章

人生は今日と明日のくり返し

人がいたら、みんな譲っていきます。

人間は必ず歳を取ります。寿命がやって来ると死にます。

この世で、死なない人なんていない。死んでいくのが自然。

植物は、春に芽を出し、夏に育って、秋には実り、冬に枯れて死んでいきます。栄枯盛衰と言って、それが自然の流れ。

人間も、お母さんのお腹からポーンと生まれてきて、赤ちゃんから幼児、子どもになり、だんだん成長して反抗期や思春期を迎える。この間までピチピチしていたのにいつの間にか中年になり、老人になり、若さなんてあっという間。歳を取るのは早いものです。少年老い易く学成り難し。

人生は長いようで短い。

私はもう86歳。私にも若い時はあったけれど、もう夢幻の世界です。あの当時の姿形はありません。人は、生まれる前は影も形もなく、父と母が巡り合って愛し合い、陰性の精子と陽性の卵子が子宮に着床して十月十日、陰性の羊水と闇の世界から、陽性の光の世界に生まれてくる。愛の結晶、神の子なんです。そして死んだあとは仏様です。

人間は生まれてから生きている間だけが人間なんだから、仏教では死んだら仏に還るというし、神教では魂は天界霊界へ還ると教えています。そのことを納得して生きていたらいいのです。

ばあちゃんはあと4年したら90歳。「うわー、90歳の自分には会いたくない」と思っています。もう終わりの時間が刻々と近づいて来てるってことを自覚しています。人生一回きりだから、一日一日を大切に生きるのみ。

そして、あの世に行くのも楽しみとしています。

この世もいいことや出会いがいっぱいあったし、皆さんのおかげで楽しいこともいっぱいあったから、「あの世に行くのも楽しみでもあり、喜びだな」って。

人生はケセラセラ。

生まれてくる時、みんな裸でした。誰だって1円も持って生まれてきていない。だから、あの世にもお金や財産を持っては行けない。みんな裸で還らなきゃならないのです。それが運命《さだめ》。

裸で生まれて裸で還るんだから、物を持っていられるのは、この世にいる間だけ。この世は物質界だけど、あの世は霊魂の世界だから、金も物もいらない。ちなみに物質界は陽性で、無限界は陰性。

死について、ばあちゃんは特になにも準備はしていないけど、どこで死のうが心の準備はあるから大丈夫。大往生が一番です。

死ぬ時は、自分の墓穴を自分で掘って、その中に入りたい

ばあちゃんの部屋は角部屋。お寺の敷地にあるので窓からはたくさんのお墓がみえるけれど何も怖いなんて思いません。

土があって木があって、日当たり良好。

夏は風通しがよく、扇風機いらず。夜は窓全開で寝ています。

冬の暖房は、火鉢と七輪、豆炭こたつ。

こういう暮らしで怖いのはただ一つ。それは、火事です。

ばあちゃんは86年間生きてきたけれど、今のところボヤの一つも出したことはありません。

戸じまり、火の用心は身についてます。毎日、出かける前に「冷蔵庫はちゃんと閉まってるか、電気のスイッチは切ったか、ガスの元栓はちゃんと閉めたか」チェックして、2個のソケットも必ず抜いて出かけます。

そうそう、電化製品が無くても生活できる証拠があるんよ。

綾部の冬に、24回停電があった時のこと。

私たちは楽勝でした。五右衛門風呂、囲炉裏、かまど、火鉢、こたつ、七輪があったから全然困らなかった。

雪かきも、体力があったから私がやって。

普段からこういう生活をしていたら、電気があろうがなかろうが、薪と炭とろうそくがあれば大丈夫。

そもそも夜は早く寝て、朝早く起きるから灯りはいらない。

物に執着せず、持たない暮らしが一番ラクです。

うちにある家電は、小さなテレビと冷蔵庫、そして40年前の掃除機だけ。照明は電球が2つ。和服やアクセサリー、昔の写真なんかは、ずい分前に処分しました。自分の若い時の写真を飾るとか貼るとかはしていなくて、唯一、夫の写真は1枚だけ部屋に飾ってあります。

あとは、ささやかな神棚がありますが、仏壇はありません。

私の最期は「久しぶりにばあちゃんのところに来たけど、ばあちゃんがいないな、どこ行ったんだろう？」って子どもたちが探して私を見つけてくれればいい。

息子や娘たちには、「ばあちゃんが死ぬ時は、自分の入る穴を自分で掘って入るから、あとはあんた達が土だけかぶせてくれ。お経もいらないし線香もいらない」って伝えたことがあります。

息子から、「母ちゃん、それは犯罪やで。俺らは捕まる」と言われて、「あ、そうか」って大笑い。そんなギャグを言い合ってました。


私は良くも悪くも、過去に未練がありません。

未来への執着もない。


過去のことによくこだわる人がいるけれど、過去はどうでもいいことです。息をしている今しかありません。息をしている今が一番大事な時。

子どもや若者には夢や希望を持ってもらいたいから未来を大事にしてほしいけど、86歳のばあちゃんは、もう未来を語ったってしょうがない。

改めて、昔の人はこういうことを言っていました。

「一寸先は闇」

「昨日は昨日、今日は今日、明日は明日の風が吹く」

「昨日は人の身（上）、今日は我が身（の上）。明日があると思うなよ」

「明日のことは誰もわからん」


まったくその通りです。明日のことをわかる人はいませんから。

さらっと昔の人は言っているけど、これってすごい言葉だと思います。

ばあちゃんは、こういう言葉が大好き。


明日、目が覚めたら、どんな世の中になっているかわかりません。

とにかく今。生きている今を生きましょう。

あとがき

昔の人は「天災は忘れた頃にやってくる。備えあれば憂いなし」と、季節ごとに梅干しや味噌、醤油、漬物など保存食を仕込んでいました。戦後のどん底、モノやお金がなくても作って生きる精神があった。やがて衣食住のすべてを買う時代になったら、病気や犯罪が増え、天災、人災も次々と激化。特に食が狂うと人間が悪くなり、世の中も悪くなるようです。

今こそ「人に良い食」で体を変えましょう。体が変わると心も変わる。人生がぜんぶ変わるから、有難い。

私の暮らしが皆さんの羅針盤になれば幸いです。合掌。

〈著者紹介〉**若杉友子　86歳現役 食養料理・野草料理研究家**

1938年大分県生まれ。静岡市で川の汚れを減らす石鹸運動などを行うなかで、野草のチカラに着目。50代前半で自然食を扱う「命と暮らしを考える店・若杉」をオープン。50代後半、自給自足の生活を実践するため京都府綾部市に移住。その後80代で故郷の大分県に一人で移り住み、86歳の現在は京都市の中心部で一人暮らし。体に沿った食や暮らしの智慧、生き方などに共感する人が全国に増え続けている。『こうして作れば医者はいらない』（祥伝社）、『体温を上げる料理教室』（致知出版社）『子宮を温める健康法』（WAVE出版）など著書多数。

HP（NORICA STYLE株式会社） https://noricastyle.jp.net

若杉ばあちゃんの
今日も明日も身軽な暮らし
医者や薬もご縁なし

2024年４月20日　第１刷発行
2024年６月24日　第４刷発行

著　者――――若杉友子
発行者――――徳留慶太郎
発行所――――株式会社すばる舎
〒170-0013 東京都豊島区東池袋3-9-7 東池袋織本ビル
TEL 03-3981-8651（代表）　03-3981-0767（営業部）
FAX 03-3981-8638
https://www.subarusya.jp/
印　刷――――ベクトル印刷株式会社

落丁・乱丁本はお取り替えいたします

ISBN978-4-7991-1220-5